学級だよりのエール

子どもたちへ贈る希望の言葉

和田幸司 著

みらい

はしがき

この本の原風景は、田園地帯のある小学校の子どもたちや保護者に宛てた学級だよりである。昭和から平成に記した私自身の学級だよりを整理した。

この本が読者のみなさんに学童期を振り返り、現在地での自分自身を再発見してもらうきっかけになればと願っている。

学級だよりの可能性については、これまで多くの実践報告がなされてきた。保護者との連携をはじめ、学級経営・教科教育・キャリア教育、はたまた教師のライフストーリーに到るまで、実に多様である。多くは現場教師向けにまとめられた専門書である。

本書はそうした専門書ではない。

全国のどこにでもありそうな小学校の学級だよりのなかにある普遍的なメッセージを抽出し、そのメッセージを現在の職場や家庭において問い直してほしいというささやかな試みである。そこに、新たな喜びや希望が生まれればこのうえないことである。

世界的ベストセラーであるロバート・フルガム『人生に必要な知恵はすべて幼稚園の砂

場で学んだ』（河出書房新社、一九九六年）には、就学前教育のなかに人生を見つめなおす珠玉のエッセンスがあることが示されている。同様に、現在の私たちも小学校で学んだことが「不易」となって、私たちの信条のなかに根付いている。

それは、人それぞれに感じ方が異なることだろう。

〝からだ〟のこと

〝こころ〟のこと

〝なかま〟のこと

など、対象もさまざまだ。

しかし、私たちの持っているこうした「不易」が、人それぞれの現在地で、特に重要な役割を果たすのは「問いを持つこと」を継続したときではないかと思っている。ロバート・フルガムの言う「不思議だな、と思う気持ちを大切にすること」ということだ。

読者のみなさんのなかには、我が子が親の思いを分かってくれないことにいら立つこと（反対に、親が自分のことを分かってくれないことにいら立つこと）もあれば、自分が生まれる前に書かれた本のなかに自分の心を言い当てている言葉と出会ったとき、不思議さを感じた経験はないだろうか。学生時代に努力することで成功をつかむことができた人もいれば、社会のなかで努力だけでは解決できないことがあることを知り、努力の意味を問い続けた人はいないだろうか。そして、年齢を経るごとに「生きる」とは何かを、その年齢ごとに、ものごとを見続け、問いを持ち続けていることに、「自分は考えすぎなのかな」と諦めている人はいないだろうか。

多くの方々がウイルスという見えないものに恐怖や不安を感じている現在（いま）、ひとつの主義や主張によって物事を判断することが困難であることが分かった現在（いま）、私たちは問いを持ち続け、思考し続けることが求められているのだと思う。

私たちは、小学校の時に日常的に経験してきた「問いを持つこと」を、もう一度、大切な心の奥底から呼び起こしていくことが、この時代を生き抜くために必要なのだ。

本書は改稿を重ねた。

私は、自分自身の「不易」を問い直し続けた。

いや、問い直さざるを得ない状況であったというほうが正しい。

その要因は、中学生だった我が子が、ある日、突然、学校に行かなくなったことによる。

「なんで学校に行く必要がある？」

「なんのために勉強する？」

我が子は何度も何度も、強い感情の塊を、自分自身に、そして私たち家族にぶつけ続けた。私たち家族からの回答には、何らの「答」も見つけることはできないようだった。私たちは、家族として、どのような支援ができるのか、どうしたらよいのか、手探りのなか、毎日毎日、向き合ってきた。我が子と取っ組み合いになることもあった。
全くコミュニケーションが取れない日々が続いた。
多くの人に相談したが、子どもと格闘してきた日々だけが空しく残っていった。
そうしたなかで、徐々にだが、感覚として分かってきたことが少しずつ私のなかに蓄積されていった。それが何かと言われると、なかなか適切な言葉にできないのだが、
我が子への「愛情」観というか（いや、ちょっと広すぎる）
「距離感（任せる観）」というか（何か違うなあ）
「今の、子どもを信じる」観というか（まだ、これがぴったりくる）
このような感覚だ。まったく言い得ていないのがもどかしい。
こうした感覚が、私自身の「問いを持つこと」ということであり、思考を続けることの基盤となっている。

本書は、今を生きる子どもたち、それがたとえ不登校であるとか、そうでないとかを越えた、予測不可能な「現代に生きる子どもたち」への応援歌である。生きづらい世の中を懸命に生きる子どもたちの視座に立ち返る大切さを感じてとっていただければ幸いである。

なお、編集に際しては、各節の前段にかつての子どもたちや保護者に記した学級だよりを掲載し、後段に「現代に生きる子どもたち」へのメッセージを書き連ねることとした。また、学級だよりの掲載に際しては、当時の学級だよりの字句の間違いや若干の文言の修正を行っていることを了解いただきたい。

目次

第2章　家族との結びつきということ

第3章　出会いのすばらしさということ

第4章　学校に行きにくいみなさんへ

第1章　平凡さが非凡さを生むということ

「リコーダーを吹く友だち」

重い鎧（よろい）を脱いで

学級だより　2年生　「あの青い空のように」

　みなさん、そして、保護者の方々、いつかはこの日が来るとはわかっていました。「別れのない出会いはない」、今、改めてこの言葉をかみしめています。

　友人と最後に言葉を交わし、大学を卒業して以降、もう、数年がたちます。毎日毎日、顔を合わせていて、部活も一緒にやっていて、いつでも気軽に会えると思っていました。ところが、その後、ほとんどの友人とは会っていません。別れとは今日の延長であるようでいながら、全く別の人生を進むことをいうのでしょうか。

　本当に楽しいことがいっぱいの一年間でした。特に、生活科の勉強では「田植え」「稲刈り」「おもちつき」「たんぽぽコーヒー」「郵便局づくり」など、思い出をたくくさん作ることができました。毎日の生活を振り返ってみても、一緒に勉強して、お話をして、本当に楽しいものでした。もちろん、友だちとケンカしたり、教室であばれて叱られたりもしましたね。でも、「悪いことは悪い」「正しいことは認め合う」そんなけじめのある一年間でした。

子どもたちは、四月から三年生へと進級します。四年後には中学生です。大人への階段を一歩一歩歩んでいく子どもたちに、小さな橋渡しをした私から、大切に思っていることを贈りたいと思います。

第一に、自分の素直な気持ちに気づいてください。人間は元来、優しい動物です。例えば、池で幼い子がおぼれているのを見て、助けたいと誰もが感じることでしょう。これから先に、成長するにしたがって、親に反抗したり、先生に逆らったり、社会に背を向けるようなことがあるかもしれません。でも、そんな君(きみ)であっても、池でおぼれている幼い子を助けたいと感じることに違いはありません。あなたは優しい人間なのです。好きな人ができたときには「愛しています」と言える人間なのです。素直な自分に気づいてください。素直な自分に気づいたときに、身体中の血液が流れ、心地よい気分になり、素晴らしい人間になっていきます。

第二に、まわりの人を好きになってください。人は都合が悪くなると、すぐに他人のせいにしたがります。もちろん、責任は複雑でいろんなところにあるかもしれません。しかし、周囲は自分ではないのです。周りの人たちを尊重し、好きになってください。そうすると、心の痛みの分かる人になっていきます。

第三に、〝ありがとう〟〝どういたしまして〟この言葉を大切にして下さい。日本語で一番美しい言葉だと思います。

さて、いよいよお別れのときです。最後に今年一年、あなたたちと百パーセントを出し切って、お互いに頑張ってきました。私はあなたたちの担任になり、本当によかったです。来年度には、私は新しい子どもたちと百パーセントを出して頑張りますので、あなたたちも新しい先生と百パーセントを出して頑張るんだよ。

私はどんなときもあなたたちの味方です。

（一九九一年三月）

教師になって四年目の最終号である。新卒教員の頃も学級だよりを書いていたが、連絡事項のみを記していて、教師としての自分の考えを書き始めたのは、一九九〇年度のこの学級だより「あの青い空のように」からだった。この年度が私の教師としての成長の大きな転機となった。この年は、もともと学年全体の「たより」があったので、学級だよりを出す予定はなかったのだが、一学期の途中からだったろうか、子どもたちの様子を少しずつ書いてみようかなと思い、「たより」を認め始めた。最終号は二八号と記してあり、教師として歩み始めた頃の細々とした綴りである。

文体が幼いばかりか、全体としての論旨も冗長で、恥ずかしい限りであるが、ある意味で、若い頃の私の瑞々しさがこの文章にあるように感じている。

それは「子どもに学ぶ」という点である。この学級だよりでは三つの視点「素直な気持ちになること」「まわりの人を好きになること」「〝ありがとう〟〝どういたしまして〟を大切にすること」を記しているが、これらの三点は、すべて、この年に担任した子どもたちから学んだことである。

四月の初めの頃だったろうか。プリントを配布するため、一番先頭の人にプリントを手渡すと、「ありがとう」という気持ちのいい声が教室に響いた。思わず「どういたしまして」と答える私。「気持ちいいねー。上手にお礼が言えるね」とほめると、「ありがとう」「どういたしまして」という言葉がクラス全体に広がっていった。おそらくは、一年生の担任が丁寧に指導をしておられたのだと思うが、子どもたちの素直な言葉に私は心が洗われる思いであった。

私たち大人は、いや、私だけかもしれないのだが、どうしても人の目を気にして、虚栄心といえば言いすぎかもしれないが、素直に自分を表現できない鎧のようなものを着ているように思う。

実は、この年に担任した二年生の子どもの数人から、「先生、今朝も機嫌が悪いね。」「先生、どうして朝はいつも怒ってるの？」と言われたことがある。毎朝、子どもたちが中心になってしている朝の会で、教師が注意事項やさまざまな伝達事項をしているのだが、その際の私の顔をみて、そう感じたようなのだ。別に怒っているわけではないし、機嫌が悪いわけではないのだが、きっと険しい顔をしていたのだろう。そのとき、初めて毎朝の自分の顔に笑顔がないことに気づいた。

どうやら、私は教師としての振る舞いを意識するあまり、一人の人間として子どもと接することを忘れていたのだ。その私の振る舞いが私の表情を硬くしてしまったのだろう。そんな私に笑顔を取り戻させてくれたのが、この三七人の子どもたちであった。休み時間になると、「先生、お外に行ってきまーす！」と言って、運動場にとび出す子どもたち。休み時間が終わり、教室に入ってくる子どもたちを自然と「おかえり！」と迎える私。「ただいま！」と答える子どもたち。まるで、自分の家のようにすごしている。子どもたちの純真さが、私にまでうつっていることが明らかだった。

「先生、荷物重そう。職員室まで持って行ってあげよう！」と心配し、

「先生、おなか痛いの？」と、私の顔を覗き込む子どもたち。

いつの間にか、私の重い鎧をはがしていってくれたのだ。どうやら、教師が教師である前に、一人の人間であることを、この子どもたちが教えてくれたのである。

重い鎧（よろい）を脱ぎ捨てよう。
子どもの「こころ」を思い出して。

平凡なものに魂を

学級だより　５年生「出会い」

教室に水の流れる心地よい音が響いています。

水槽から流れる水の音です。

先ほど、四人の子どもたちが理科で学習するメダカの水槽をきれいに洗ってくれました。今頃、家に着いた頃でしょうか。

こうして、ひとり静寂に包まれた教室で文字を綴っていくと、昼間の子どもたちの声がこだました教室がうそのようです。

今日は三年前に担任した男の子の話をしたいと思います。

休み時間のこと、いつも温厚なA君が声を荒立てて怒っています。どうしたのか聞いてみると、隣の子がふざけて教科書に何かを落書きしたらしいのです。よほど大切に使っていたのでしょう。

そんなA君に驚かされることがありました。それは筆箱のなかの鉛筆のことです。鉛筆をいつもきれいに削っていることは知っていましたが、鉛筆を見ると長さがどれも一様ではないのです。しかも不自然なほど……。

どうしてかをA君に聞いてみると、A君が答える前に隣の女の子が、

「A君って、すごいんで。鉛筆に国語用のもの、算数用のもの、連絡用のものがあるんでー。国語用の鉛筆が一番早くになくなるらしいわ。」

と、言いました。A君は恥ずかしそうに「もうええ、もうええ」と言っています。

もう一度、よくよく筆箱のなかを見てみますと、一番短いものから順に左から並んでいます。名前の「A」と書いてある部分がよく見えるように、必ず上を向いているのです。

A君は大変元気な男の子で教室に閉じこもっているタイプの子ではありません。A君に興味をもち、A君の生活を見ていくと、A君の素晴らしさがどんどん見えてくるのです。漢字帳の文字が枠からはみ出しているのを見たことはありませんし、消しゴムが小さく裂かれていることもありません。消しゴムを使ったあとの消しか

すを机のはしにきれいに残しておいて授業後に捨てに行く、そんな優しいＡ君でした。

●

子どもたちは、新しい漢字帳の一ページ目はきまって丁寧な文字で書き連ねていきます。本当に見事です。心がこもっています。

私はその気持ちを、いつまでも、何に対しても持ち続けてほしいと願っています。ノートを一冊仕上げた時には何か誇れるようなものを感じてほしい。願わくは、一年間使った教科書にも…、六年間使い続けるだろうランドセルにも…。

好き嫌いや、興味だけではない、日々の平凡なものに魂を与えられるような人に育ってほしいと思います。そのように成長した人は、きっと自分以外の人間を大切にする人になると思うからです。

使い終わったノートは教室にひとまとめにしています。使い終わった鉛筆も教室で集めています。使い終えた鉛筆が百本たまったら「鉛筆まつり」をして、ありがとうの気持ちとともに、お楽しみ会をする予定です。

一年間でたくさんの魂を与えられる子になってほしいものです。

（一九九五年六月）

Ａ君のこと、今でもよく覚えている。物静かだけど大変芯の強い子だった。友だちにいじわるをしている姿は見たことはない。それよりも黙って花壇や学級園の世話をしている子だった。用務員さんからもいつもほめてもらっていた。友だちからの信頼も厚く、人気者であった。学級の子どもたちは、本能的に、Ａ君が「物」だけでなく、「人」も大切にすることを感じ取っていたのだと思う。Ａ君とは、その後、連絡を取っていないが、きっとたくさんの人から好かれる社会人に、強く優しい社会人になっているに違いない。

　現代社会は、情報化が進展し、多様な価値観が交錯する。インターネットでつながった友人と一緒にゲームに興じ、一緒にネット上のイベントに参加する時代である。こうした状況に否定的な人たちもいるだろうが、ネットのゆるやかなつながりを肯定的に捉える人たちがいるのも事実だ。インターネットが私たちの生活に必須のツールになり、リアルとバーチャルの境は非常に見えにくくなっている。また、「一寸先は闇」という言葉があるが、二〇二〇年には新型コロナウイルスの感染拡大によって、日本ばかりでなく、世界的にも、近未来を見通せない不安な状況になり得ることを私たちは経験した。多くの人たちが健康や安全の不安を抱えながら、デマやフェイクニュースの怖ろしさも感じ取ったのではないだろうか。

　ある意味で、「生きる」ということに、強い「体力」と「精神力」が必要になってきている。

二〇一七年には「忖度（そんたく）」という言葉が流行語となり、何だか生きづらさを表すような言葉となった。いま、多くの方々が息のつまるような思いをされていらっしゃるのではないだろうか。

手足が不自由ななかで、「生きること」の意味を描き続ける星野富弘（ほしのとみひろ）さんの詩画に、「日日草」という詩がある（星野富弘『鈴の鳴る道』偕成社、一九八六年）。

今日も一つ
悲しいことがあった
今日もまた一つ
うれしいことがあった
笑ったり　泣いたり
望んだり　あきらめたり
にくんだり　愛したり
・・・・・・・・
そして　これらの一つ一つを

柔らかく包んでくれた
数えきれないほど沢山の
平凡なことがあった

星野さんの言葉通り、この苦しい世の中で、私たちを支えるのは平凡な日常なのではないか。換言するならば、日常生活で、平凡な物事に愛情を与え続けるＡ君のような生き方が、私たちに幸せの本当の意味を感じ取らせてくれるのではないだろうか。

平凡な物事に魂（たましい）を注ぎ込める人は、
他人を大切にする生き方を選択する。
すると、真の親友や応援者が
自分を支えてくれるようになる。

チャレンジするなら今だ！

学級だより　2年生「おーい」

出張の翌日のことです。教頭先生が、

「お箸を忘れたと言ったら、急に、『ハイ、ハイ！』って言うんや。どうしたんと聞くと、職員室から取ってきたるって、すごい勢いなんや、驚いたよ。やる気マンマンや！」

思わず、光景が浮かんできて微笑みました。教頭先生は私の代わりに食事指導に行ってくださっていたのです。

教頭先生が驚いたこの光景。授業中はもちろんのこと、休み時間中でも日常的なのです。いったい、教頭先生が「やる気」と表現した我がクラスの子どもたちの「元気よさ」は、どこから生まれてくるのでしょうか。

「ハーイ、ハイハイ!」

毎朝、「朝の会」の司会をやりたくて、やりたくて。「終わりの会」の司会をやりたくて、やりたくて。はたまた、お茶・ミルクを取りに行きたくて……。列を作って、元気よく手を挙げます。都合のいいことばかりではありません。「だれか雑巾がけをしてくれる?」「仕事のお手伝いして!」といったことでも同じ反応です。

私は必ずこう言うことにしています。

「さいしょはグー。ジャンケン・ホイ!」

このあと、クラスは選抜ジャンケンで盛り上がるのです。私が仕切っている時だけではありません。子どもたちが主体の時もそうです。先日の学活(がっかつ)は「係活動」だったのですが、いつもは物静かなBくんがリーダーとなり、大きな声を張り上げてジャンケンをしています。ちなみに学活の時間は私はノータッチ。子どもたちの生(なま)の姿が表れる場面ですが、まあ、その賑(にぎ)やかなこと……。蜂(はち)の巣をつついたような騒ぎになります。

ジャンケンには大きな魅力があります。

それは、誰でもが平等にチャンスをつかむことができることです。

ですから、我がクラスでは、「完全ジャンケン制度」です。子どもたちは、勝っても、負けても、また、チャレンジします。平等にチャンスを得ることができるから、「やる気」を喚起させるのです。

つまり、前述した「やる気はどこから生まれるのか?」の答は、「ジャンケン」と言っても過言ではないのです。

私は、「小学校の教室」は、時に中学校、時に高等学校、時に大学、時に社会を投影すると思っています。自信を手に入れるチャンスは、たくさん・きっと・間違いなく存在します。それは限りなく平等にあると言ってよいでしょう。その事柄にチャレンジするか、しないかで、選択肢は大きくも小さくもなっていきます。ぜひ、子どもたちにチャレンジする「やる気」を手に入れさせたいと考えています。

(二〇〇四年一二月)

今から読み返しても、その時の状況が手に取るように浮かんでくる。

私のクラスでは、基本的に何でも立候補制で、最終的にジャンケンで決めていた。毎日の簡単な決定事項はもちろん、学期を通して行われる係活動や当番活動まで、子どもたちが平等な選抜ができるようにジャンケン制度を採用していた。学級活動の仕事はそんなに特別なものはないので、誰だって基本的にこなせるものばかりである。だから私は、自分で手を挙げることを推奨してきた。そこに、立候補の理由や演説といったものは必要ない。

無論、高学年になると、立候補の理由やクラスのために何ができるのかといった点から、討論する活動も重要だが、低学年の場合は純粋な子どもたちの気持ちや姿勢を尊重するようにしていた。そうすることで、「ぼくなんかが立候補していいのかなあ」「立候補する自信はないよ」「みんなに変な目でみられないかなあ」などといった本来の子どもたちの積極性を阻害する要因を排除していったのである。低学年の場合はこの取り組みが顕著に表れ、子どもたちのなかにチャレンジする気持ちが生まれていった。おとなしい性格の子どもたちも喜んでジャンケンに参加していったのだ。

脳科学者の茂木健一郎さんはブログやツイートで、いつも「根拠のない自信を持て」と述べている。茂木さんは「『根拠のない自信』を持つことは、つまり、ゴールではなく、スタートラインに立つことである。スタートラインに立ったアスリートは、自負に輝きつつ、これからなさなければならないことに武者震いしている。それは、人生のレースに立つ、一つの参加宣言なのだ」と述べている。

さらに、ユーチューブのＴＥＤ Ｔａｌｋｓ（テッドトークス）で三百万回以上も再生されている植松電機の植松努（うえまつつとむ）さんは「ぼくら人間は必ず小さいころを経験するからなんです。みなさんも思い出してみてください。小さい頃はボタンあったら押してみたかったんです。ハンドルあったら回してみたかったんです。そして余計なことをするんじゃないって、怒られるもんだったんです。実は生まれた時から諦め方を知ってる人間なんてこの世に一人もいないんです。みなさんは全員、諦め方を知らないで、輝いて生まれてきたんです。（中略）それはやったことはないことをやってみるなんです。やったことないことをやったら、それだけでちっこい自信がわいてきますから、ぜひ皆さんは、やったことはないことに挑んでほしいと思います」と述べている。

茂木さんにも、植松さんにも共通しているのは、子どもたち特有の、人間本来のチャレンジする気持ちを大切にしてほしいという点である。手を挙げることはスタートラインに立つことなのだ。誰だって初めてのことに挑戦するときには勇気が必要である。とても怖い思いをするものだ。そんな子どもたちの思いに共感し、ぜひとも、小学生のときに、このチャレンジすることの大切さを教えておきたいと思う。

自分自身に向き合って、チャレンジすることは大切な選択肢だ。

チャレンジすることは大切な選択肢。
トライしてみるといい！
大きなものに身をあずけるような気持ちで。

「話し合い」は私たちの大切な場所

学級だより　3年生「i－mode」

我がクラスの朝の会・仲よし会は、目まぐるしい。

参観に来られた先生は一様に苦笑しています。それは子どもたちが、絶え間なく、おしゃべりしているからです。「本の紹介」や「係からの連絡」、「当番からの連絡」など……、司会者は時間をきるのが大変な状況です。

授業中においても、算数の時間にみんなで問題を解決したり、社会の時間に調べ学習をしたりするときは、「しゃべること」を推奨（すいしょう）しています。

三年生には約束事があります。それは、「人を傷つけないかぎり、誰が何を言っても、誰にも、止められない、じゃまされない」ということです。きちんと決めたことではありませんが、子どもたちは、何を言ってもいいことになっています。

時にはケンカが起きることもあります。でも、ケンカが起きるということは自分の意見を述べることができているということです。素晴らしいと思います。

大切なのは、正しい言葉で自分の意見を伝えられたかどうか、しかも、相手によって態度を変えていないかどうかです。

「相手によって態度を変え、エライ人にだけ良い態度をとる人を基本的に信用しないほうがいい」

「そんな人間にはなってはいけない」

機会あるごとにそう言ってきました。

●

日本人に一番欠けている能力は、物事を批判的（クリティカル）にみる能力・公正なことを正しい言葉で相手に伝える能力だそうです。その背景には、物事を批判的にみたり、公正なことを述べたりすること以上に、「仲間」や「和」を重んじる風潮があったからではないかと思われます。しかし、これらの風潮は美徳（びとく）ではありますが、今、社会は大きく変わろうとしています。

これから大人になる子どもたちは、「物事を批判的(クリティカル)にみる能力」「公正なことを正しい言葉で相手に伝える能力」を身につける必要があるのではないでしょうか。特に、「公正なことを正しい言葉で相手に伝える」ことは小学生で充分に育てていきたいスキルです。

私は自信をもって言えます。三年生の仲間には、正しいことを受け入れる空気があります。保護者の皆様・地域の皆様のおかげです。ぜひ、このなかで「自分の意見を正しい言葉で伝えられる子ども」に育ってほしいと思います。

談合(だんごう)や慣れ合いの社会は必ず終息していきます。間違いありません。国際社会に飛び立つ人間になるために、心(熱いハート)と技能(正しく伝えるスキル)が必要になってくるでしょう。

(二〇〇二年三月)

この学級だよりは私が社会人大学院(修士課程)を修了し、教育現場に戻ってきた時に記した学級だよりである。修士課程では日本近世を中心とした歴史学研究や人権教育研究を行ってきたが、そればかりでなく全国から集まった熱心な教師たちとの交流によって、教師としての自分自身の在り方を問い直すことができた。このことが、大学院修了後の教師としてのスタンスを大きく変化させた。それは「子どもたちにどんな力をつけたいか」という点において、より明確に、より柔軟になった。

具体的には「教師として身につけさせたい力」ではなく、「子どもたちが将来、社会を歩むために必要な力」に変化した。教師側の意図ではなく、子どもを主体として捉えるようになった。ここで記した「公正なことを正しい言葉で伝える」ということも、単なる学校教育という枠組みで考えたものというより、社会のなかで必要な資質とは何かを考えたものと言ってよい。

全国から集まった社会人大学院生たち、つまり、現場派遣の学校教師たちは、多くがそれぞれの専門の学会に所属し実践研究を深めている。谷和樹さん（玉川大学）もそのひとりで、私は彼のシャープな分析能力にいつも感心していた。加えて、授業の上手さには本当に脱帽だった。「我がクラスの朝の会・仲よし会は、目まぐるしい」「しゃべることを奨励している」という実践は谷さんの教育実践に影響をうけたものである。こうした実践に私の人権教育研究が加わった。

人権教育の内容は「知識」「態度」「技能」で捉えることができるが、その手法としては参加型の教育が大きな意味をもっている。これまでの経験を語ったり、模擬体験したことについて考えを深めたり、さまざまな参加型の手法を用いて、話し合いを行っていくのである。つまり、ひとりひとりが意見を出し合って、物事を決定していくプロセスを重要視している。

社会ではさまざまな物事を、会議を通して決めていく。職場の会議もあるだろうし、地域の自治会の会議もあるだろう。そうした際に、対立する人とケンカをするのではなく、自分の意見を正しい言葉で伝えることができる人間になってほしい。その際に必要なのが、「物事を批判的（クリティカル）にみる能力」「公正なことを正しい言葉で相手に伝える能力」だと思っている。

現在、社会では「談合や慣れ合い」に対する厳しい目が向けられ始めている。ニュースをみると、多くの組織でそのような課題が露呈されているのが分かる。まだまだ、日本社会には醜（みにく）い部分があるじゃないかとおっしゃる方もいるだろう。でも、こうしたところに私たち市民のチェックが入るようになってきているのも事実である。そのためにも、話し合いを通して決定するということが大事なのだ。思い起こせば、二〇〇一年に放送されたＮＨＫの連続テレビ小説「ちゅらさん」のテーマは家族の絆、家族の愛情に満ちたやり取りだった。あの伸び伸びとした大らかな主人公の共感力に、当時は大きな反響があった。「話し合い」の原点もこうした共感力が根っこにあると思っている。

「話し合い」は私たちが共感できる大切な場所。
だから、公正なことを正しい言葉で伝えたい。

小さな成功体験の積み重ね

学級だより　2年生　「こころ」

先日、中央競馬の岡部幸雄騎手が怪我から復帰されました。公開インタビューでは、マスコミから彼のコメントに対して大きな拍手が送られたといいます。全く異例のことです。彼の人柄が表れているといってよいでしょう。その彼が競馬騎手学校の卒業生に、はなむけの言葉を述べました。「明日にでもできる小さな目標を立て、それを達成しながら、大きな目標に近づいていこう。」…そういう趣旨のものでした。この道三七年、一年以上のブランクから鮮やかに復帰した大先輩の言葉には重みがありました。

子どもたちにも二年生なりの夢があります。

先日の参観日で披露しましたが、何とも可愛い夢です。聞いていても微笑ましくなります。でも、「どんな三年生になりたい？」と聞くと、「算数で百点をとりたい」「運動会で一等になりたい」「そうじを頑張りたい」など、結構、現実味のある答えが返ってきます。

子どもは、本来、「伸びよう、伸びよう」とします。間違いなく、二三人全員が「かしこくなりたい」という願いを持っています。その願いを大切にしたいです。しかし、そのままだと願いだけになり、実現へとは近づきません。

私は授業のはじめに、できる限り「今日の勉強は○○です。これができるようになったら今日の勉強は合格だ」と言って、目標を明確にすることにしています。図工などの時は、「どこまで出来たら合格か、この時間のめあてを決めなさい」と言います。そうすることによって、短いスパンでの目標が子どものなかに意識化されていきます。最近、この小さな目標が重要であると考えています。高学年では、その目標に自分で点数をつけさせるようにしています。

●

目標の実現には、出来る限り小さなステップでの目標設定とクリアしていく快感のようなものを感じることが重要なのではないでしょうか。私は近世の身分と宗教について研究しています。非常に大きなテーマで、そうやすやすと解決できるものではありません。気の遠くなりそうなゴールですが、毎日の目標をクリアしていき、一本の論文が仕上がった時には何ともいえない充実感とやる気が起きてきます。一歩大きな目標に近づいた喜びがあります。

子どもたちも同じではないでしょうか。大きな目標があっても、「絵に描いた餅」では何にもなりません。かしこくなりたい願いがあっても、具体的にならないと意味をなしません。

ぜひ、ご家庭で学習をしたり、スポーツに取り組んだりする際には、目標、いいえ、明日にもできる実現可能な目標を立てることをお勧めしたいと思います。それが毎日できるようになったとき、子どもは喜びを感じ、その取り組みが継続していくことでしょう。もちろん毎日でなくてもよいと思います。家庭事情により、強弱があるのは理解しています。学校現場のように画一的にできるものではありません。しかし、小さな目標、明日にでもできる実現可能な目標を意識化させることは非常に有効だと思います。

（二〇〇四年二月）

この学級だよりの背景は、自分自身の経験によるところが大きく影響している。私は人権に関する歴史研究を志し、社会人大学院に入学した。学部からお世話になっているゼミに入ることとなった。事実に基づいた研究を推奨する先生は、「現場に行って史料をかき集めてこい。必ず探している史料がある。そこに新発見がある」という考えだった。しかしながら、なかなか目あての史料は見つからない。先生は「諦めることはない」「実証は何よりも強い」と叱咤激励してくれた。とても成し遂げられるような研究課題ではないと、周囲の研究仲間は感じ始めていた。でも、研究センスのない私は、足で稼いだだけ、そこに発見があるという姿勢を貫いた。確かに、課題解決の直接的史料は見つからなかったが、間接的に関わる史料は少しずつ蓄積されていった。そこで、私は研究課題を細分化し、細分化した課題解決を論文としてまとめていくようにしたのである。そうすると、少しずつ、今までは見えてこなかった歴史的事実と背景が浮かび上がってきた。つまり、小さな目標をクリアしていく実感を私は得たのである。

私は目の前にある大きな研究課題をながめたとき、おそらく私の性格からして、諦めていたと思う。そして、成し遂げられることが容易な課題に変更していただろう。しかしながら、今では、遠く手の届かないような夢や目標でも、少しずつ近づくことができると思っているし、そう信じている。時間は要するが、実現していくと実感できるようになった。

この言葉にならないような感覚を教室の子どもたちに伝えたいのだが、なかなかよい表現方法が見つからない。そこで、できる限り、個別の評価を、いや、できる限り、「ようやったなあ」「すごいなあ」「百点満点！」と、評価の言葉かけや赤ペンを子どもたちに与えるようにしていった。

最も効果的だったのは詩の暗唱と作文指導である。前者では、低学年・高学年問わずに、簡単なものから難度をあげた難しい詩の暗唱まで取り組んでいった。子どもたちは、ひとつひとつの詩を暗唱していく喜びや達成感を覚え、ついには自分たちで詩を作成するようになっていった。はじめは「詩なんて書けっこないよ」って言っていた子どもたちが、地域の文芸賞で入選をするまでになった。

後者の作文指導では、毎日、小学生新聞記事の要約を行うようにした。はじめは課題に長い時間を要していた子どもたちだが、一〇分程度で要約をできるようになっていった。私は子どもたちの論作文の賞賛すべき点を明らかにし、学級だよりで評価した。徐々に子どもたちは引用の仕方や客観的に論じる作文方法などを学んでいった。あるとき、新聞記事を読んだ子どもたちが、小学生新聞に論作文を投稿した。すると、子どもたちの作文が小学生新聞に掲載されたのである。

小さな成功体験の積み重ねによって、大きな目標に近づくことができるのである。

小さな成功の積み重ねほど、大切なものはない。
大切なものは、今という時間の継続したところにある。

第2章　家族との結びつきということ

「ぼくのかぞく」

おじいさんの古時計

学級だより　2年生「受け月」

「大きなのっぽの古時計♪……」ではありませんが、我が家にもわたしの生まれる前から、ある柱時計があります。幼い頃、このゼンマイ仕掛けの柱時計が大好きで、よくゼンマイを巻いたものです。振り子の長さを変えてよく叱られたっけ…。

今はゼンマイを巻くのは、おじいさんの役目で、「ボーン、ボーン」と、目のうすくなったおじいさんとおばあさんに時(とき)を伝えています。

●

ところが、先日、おじいさんとおばあさんの部屋の柱にあるはずの時計がないのです。廊下(ろうか)のほうを見ると、置いてあるではないですか。父親に聞いてみると、急に動かなくなったとか…。

「もう、新しいのに取り替えよかあ。これ、もう倉庫に置いてくるわ。」と、さみしそうに父も言っています。そこへ、おばあさんがやってきて、「今、何時や?」と聞きに来ました。代わりの時計をテーブルに置いてあるはずなのですが、おばあさんには時刻が分からないのです。いえ、慣れ親しんだ時計でないと、しっくりこないのでしょう。

父親が何度も修理したのですが、時計は動かなかったようです。今度は私が修理しました。三〇分ほど経過した頃でしょうか。振り子が時を刻み始めました。何だか、とっても嬉しくなりました。

私が、おじいさんとおばあさんの部屋の柱に時計をかけると、おばあさんが心配そうに見つめています。「大丈夫だよ。なおったから。」と言うのですが、何だか、まだ、気にしている様子です。

それから一〇分ほどして、私が動いているかどうかを確認しにいった時、おばあさんは、まだ、時計をみていました。

●

昨日、おじいさんが病院に運ばれました。昨年末から少し体調を崩していたのがひびいたのかもしれません。母は付き添いで、家のなかは父と私とおばあさんの三人です。いつもはにこやかなおばあさんですが…。

おじいさんの古時計は今朝も元気に「ボーン、ボーン」と時を伝えています。

（一九九五年一月）

このおじいさんの古時計は、ゼンマイ仕掛けだった。「ゼンマイ仕掛け」といっても、多くのみなさんはピンとこないだろう。私の記憶では、時計の文字盤のなかにふたつのゼンマイがあって、この二つを鍵（かぎ）のようなもので巻いていた。ひとつが時計用のゼンマイ、もうひとつが時（とき）打ち用のゼンマイだったと思う。ゼンマイは、ゆっくり、やさしく巻いていくように、おじいさんから教わった。「固くなってから強く巻くと壊れてしまうんだ」と教えられていたのだ。

私は父母が共働きだったので、おじいさん・おばあさんに育てられたと言っても過言ではない。いわゆる「じいちゃんっ子」「ばあちゃんっ子」だった。今は休日になっている土曜日だが、かつては午前中に学校があった。お弁当のない土曜日に帰宅すると、「ただいまー」と言うや否（いな）や、すぐに近所の八百屋（やおや）さん（当時は野菜以外の物も売っており、今で言うとコンビニみたいな役割）に駆けつけ、おかずに二〇円のコロッケを、おじいさん・おばあさんの分も買って、一緒に食べるのが常だった。参観日や体育大会などの学校行事も、普段の生活も、おじいさん・おばあさんといつも一緒だった。

　このゼンマイ式の古時計の調子が悪くなった一九九五年一月、おじいさんも体調を崩した。脳梗塞だった。病状は徐々に落ち着きをみせて、安定していったが、麻痺は左半身に残ったままだった。おじいさんは、以降、いくつかの病院を転院し、療養を繰り返していた。しかしながら、年齢的なものもあり、徐々に体力も衰えていったのは見た目にも明らかだった。

　今でも忘れられない。脳梗塞発症から一年後の転院先の病院で、「敬老の日」に家族全員でお見舞いに行った日のことを。私たちが祖父のところに行った時、祖父は広い廊下の壁に、動かない左手をか細い右手で抱きかかえ、車椅子ごと、もたれかかっていた。何だか疲れているようにみえた。私が声をかけると、いつもは微笑んでくれるのに、笑顔がなかった。よほど、体調が悪いのだろうか…。自由のきく右手で、何度も頬をさする動作をしている。

　どうしたのか心配したが、それが体調が悪いためでなく、家族が来てくれたことを喜び、うれし涙を流していたことに気づくのに時間はかからなかった。頬には涙のあとが光っていたからだ。

「ありがとう。」

あの厳格で、他人を寄せ付けない雰囲気をもった祖父が、多くの家族の前でこんな言葉を発するとは夢にも思わなかった。それにも増して、今日の「敬老の日」に、姉の長男から花束を受け取ったときに、あのか細く弱い右手を鋭く突きあげた姿が忘れられない。…今度は涙を拭（ぬぐ）う手が祖父にはなかった。

思い起こせば、そんなおじいさんは私にはめっぽう優しかった。仕事を終えた後によく会いに行ったものだ。

おじいさんは、言葉を発することがだんだん困難になっていたが、いつも、私に「負けるなよ」と、声にならない声で、語りかけてきた（私が辛そうな顔をしてたからかな？）。その後には、きまって、おどけた表情で、ニコッと笑ってみせるのである。

その笑顔には孫（まご）である私への深い愛情が感じられた。

何を隠そう。

私が祖父のところに行くときは、いつも心が折れかけたときだった。

家族は一番あなたに近い場所。
いつまでもつながれる故郷（ふるさと）。

オルゴールの音と母への思い

学級だより　2年生「びゅんびゅんごまがまわったら」

風薫る五月。

わが家にも、五月人形が登場しました。そうです。もう二九年前の五月人形です。何だか、この年齢になって五月人形もないだろうと思うのですが、いつも縁起をかつぐ私の母は、毎年同じ時期になると、せっせと押入の奥から、五月人形を出してきます。

八〇センチ四方ほどのケースのなかに、どっしり座った人形が弓と刀を携えて私の部屋に鎮座しています。ケースにはゼンマイ仕掛けのオルゴールがついていて、今も毎朝、私の目覚し時計がわりとばかりに、五月人形に供え物をした母が、その手でゼンマイを巻いて私の部屋を後にします。
　そういえば小学生の頃、五月人形を見るのが大好きで、ひとりで暇なときに床の間にいって、よく眺めたものです。ケースのなかの刀と弓がさわりたくて、さわりたくて、さわると母に叱られるものですから、外からいつも眺めるだけで……。そんな思いで、オルゴールのゼンマイをまわしたのです。

「屋根より　高い　こいのぼり♪」

　オルゴールに合わせてよく歌ったものです。でも、ゼンマイがきれかかると、ゆっくりになってしまい、ゼンマイに指で力を微妙に加えて、音楽が遅くならないようにしました。
　毎朝のオルゴールが、とても懐かしい想いをよび覚ましてくれます。

●

　母の日に、子どもたちからのプレゼントを受け取られたでしょうか？

「母の日のプレゼント、うれしかったです。やさしい心、うれしいです。」

　このお便りにありますように、子どもたちの素直な気持ち、本当に心温まりますね。子どもたちは、お母さんのことが大好きなのです。

十億の人に、十億の母あらむも、我が母にまさる母ありなむや（暁烏敏）

まったくその通りですね。いろんなお母さんがおられますが、自分のことを愛して、子どもたちの幸せを願う点では、たったひとりの世界一のお母さんです。

●

「日曜日には、母の日のプレゼントを忘れないでね。」

そう言った私が、母の日には、少々疲れ気味でダウン。

母の日のプレゼントは「母の日に考えればいいか」と、いい加減な私は、結局何もせずに終わってしまいました。

「少し、調子よくないんや。今日、お粥たいてくれへん。」

普段、あまり会話のない私と母。私の疲れのせいで（おかげで）母に甘えました。

「まっ、これが一番の母の日のプレゼント（コラー！）」というい加減な私です。

もしかしたら、あのオルゴールは、母の思い出があるから、より懐かしく感じられるのかもしれません。

「かあさんとわたし」

西条八十

はなのなかには、はちがいる。
かわのなかには、うおがいる。
もりのなかには、とりがいる。
うちのおへやには、かあさんが
そして
かあさんのおひざには
いつも　わたしが　だかれてる。

（一九九三年五月）

幼い私が、五月人形に関心を持っていたのは、何と言ってもケースのなかにあった「刀」である。あの刀をさわりたくて仕方なかったことを覚えている。何度か触れようとして、こっぴどく叱られた。それ以来、じーっと眺めているのが常だった。そんな手持ち無沙汰のためか、いつもオルゴールを鳴らしていたのである。ゼンマイが元気よくまわっているうちはよいのだが、だんだんゼンマイが弱くなると寂しくなっていく。何度も何度も巻き直したものだ。

　母親にほめられることもあっただろうが、今、思い起こすと叱られたことのほうが圧倒的に多い。五月人形のエピソードもそのひとつだ。それでも、五月人形を嫌な気持ちで眺めたことは一度もない。大人になってからも…。そればかりか、母親の懐かしい思い出が思い浮かんでくる。「こいのぼり」の歌と共に…。

　もしかすると、これは私だけではないのではないだろうか。

　母親に諭されたことも、叱られたことも、一様によい思い出として残っているのではないか。家族によって様々だろうが、母親と子どもがいっしょにいる時間は、おそらくは一生のなかで、圧倒的に多いような気がする。その親子関係が現代社会では希薄になっているようで心配だ。情報化の波のなかで、親子のコミュニケーションが不足しがちになっていないだろうか。

　日本のペスタロッチと言われた東井義雄さんは、著書『村を育てる学力』（明治図書、一九五七年）のなかで、母親を「ほんもの」と評して、「ほんものだけが子どものいのちにふれていき、子どものいのちに影響を与えることができるのだ」と述べている。東井さんの著書から「かつお」という小学六年生が書いた詩を引用してみよう（『母のいのち子のいのち』探究社、一九八三年）。

「かつお」

けさ　学校に来がけに
ちょっとしたことから母と言いあいをした
ぼくは
どうにでもなれと思って
母をぼろくそに言い負かしてやった
母が困っていた
そしたら　学校で　昼になって
母の入れてくれた弁当の蓋をあけたら
ぼくのすきなかつおぶしが

パラパラと　ふってあった
おいしそうに　におっていた
それを見たら　ぼくは
けさのことが思い出されて　後悔した
母は　いまごろ　さびしい心で
昼ごはんをたべているだろうかと思うと
すまない心が
ぐいぐい　こみあげてきた。

母親を口論で負かした作者が、お昼のお弁当のときに、母の温かい親心に接して、母の愛情に気づくという詩である。かつおの香りが作者の心にとどき、母親への愛情があふれ出ている。戦後、間もない、経済的に困難な状況のなかで、かつおのふりかけをかけるという行為が作者の「いのち」にふれたのである。

こうした親と子のエピソードを郷愁(きょうしゅう)の思いとして語ることは本意ではない。しかしながら、母親は母親として、父親は父親として、子どもが寄り添う何かを確かに有している。

私は、オルゴールの音から、母親への思いが、今も、心に深く残っている。

親に叱られた思いはいつの日か愛情に変化していく。
我が子への思いは、子どもにいつかは伝わっていく。

共鳴するエピソード

学級だより　2年生「受け月」

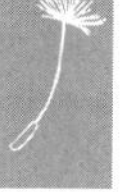

体育大会の朝というのは、いつもの朝より心地よい風が吹いているような気がするのは、私だけでしょうか。私は、小学生の時や中学生に時の体育大会よりも、教師になってからの体育大会のほうが緊張した感じがしています。

入場行進、どきどきして待っている私。

子どもの表情。

子どもたちの頬（ほお）がぴーんと張っている感じです。そんな子どもたちを見ていますと子どもたちに最高の体育大会を！という思いになります。

私は、母の仕事の都合で、運動会はいつも祖母の応援でした。

今でもよく覚えています。幼稚園の親子ダンスの時、私ひとりだけが幼稚園の先生と踊ったことを。

でも、体育大会当日だけは、母が来てくれる予定でした。ところが、ダンスの入場になっても現れません。やはり、いつものように幼稚園の先生と入場…。とても寂しい思いでした。

きっと、ずいぶんと不安そうな顔をしていたに違いありません。

その時、大勢のなかを突っ切って、私の母が駆けつけてきたのです。

「こうちゃん、よかったね。」

と、声をかけてくれる幼稚園の先生。

「おくれてすみません。」

と、先生に息を切らしながら、挨拶する母。

何ともいえない「ふくよかな気持ち」が、今、思い出しても（二三年前を）、身体のなかを流れていきます。

小・中学校と、母が私の体育大会に来てくれたのは、後にも先にもこの一度きりでしたが、今も鮮明に記憶に残っています。

やはり、体育大会の朝というのは、いつもの朝より心地よい風が吹いているような気がしてならないのです。空は、いつもより高く、そして、青く輝いているような気がしてならないのです。

主役は、一人ひとりです。どこで、どんな主役を演じてくれるのでしょう。もしかしたら、一等賞をとったことより、すばらしい何かがあるやもしれません。もしかしたら、それが分かるのは、二三年後かもしれませんね。

（一九九四年一〇月）

この学級だよりも母親をモチーフにしたものである。私の母は小学校教師をしていた。母は私たちの住んでいる町内の小学校に勤務していた関係で、体育大会は母の勤務校も、私の小学校も、同一日程であった。よって、私の体育大会に母親が来ることはあり得なかった。

しかし、私が幼稚園のときは、偶然にも、母は校舎が隣り合った同校区の小学校に勤務していたのである。当時、私たちの地域の体育大会は「校区民体育大会」と銘（めい）打ち、幼稚園から小・中学校、自治会も含めた一大スポーツイベントだった。つまり、私の母は小学校教師として体育大会に参加しながら、幼稚園のダンスの時には保護者として私の隣に駆け付けてくれたというわけだ。

今から考えると、いろんな意味で「すごいことだなあ」と感心する。私が母の立場だったら、到底、自分の子どもの手をつなぎに行けなかったと思う。母は強し。そして、善意と愛情に満ちた我が町に感謝したい。

体育大会の朝、子どもたちは輝いた笑顔で登校してくる。

その顔といったら、ほんとに眩しく尊いものである。かけっこが得意な子どもたちはもちろん、苦手な子どもたちも、その表情からは目映い輝きを放っている。子どもたちは自分自身が体育大会の主人公であることを理解しているようだ。

ここには、家庭や地域の励ましの力が大きく関わっている。近所のおばちゃんやおじちゃんから「〇〇ちゃん、がんばりよ！」と声をかけられ、家庭では「おじいちゃんやおばあちゃんが観に行くからね」と励ましの言葉がシャワーのように浴びせられる。こんな心地よいことはないだろう。

ここに、体育大会当日の朝の光が降り注ぐ。そして、いつもより、ピーンと張りつめた空気によって、心地よい風が吹き抜けていくのである。

空は、いつもより高く、そして、青く輝いている。

この体育大会当日の空気、空の高さや青さまでも、いつもと違って感じるのは、子どもたちの輝いた表情に起因するのではないだろうか。子どもたちの眩しさが、家族として、地域の一員として、私たち大人たちの感覚を越えて、体育大会当日の朝の素晴らしさを感じさせてくれるのである。

つまり、子どもたちの輝いた笑顔を作りだすのは家族や地域の仲間であり、私たち大人が体育大会の朝の素晴らしさを感じるのは、子どもたちの眩しさによるものなのだと思う。両者が互いに共鳴し合って、体育大会の感動が生まれるのだと思っている。家族っていうのは、この共鳴によって成り立っているのではないだろうか。

家族と過ごす長い時間は、決して楽しいことばかりではない。苦しいことも数多くあることだろう。親子げんかもある。親の反対を押し切って突き進んでいく子もいる。学校に行きたくても行けない子どももいる。子どもと親の間に、何とも言えない狭間ができた経験を私も持っている。

でも、共鳴し合う経験も私たちは、必ず、ひとつふたつ有している。必ず家族が共鳴し合った瞬間がある。毎日、作り続けた我が子への弁当が、いつか子どもの心に温かく尊いものとして理解されていくように…。

私たちには劇的なものでないにしても、何か心に深く刻み込まれたものがある。その瞬間を共に記憶している。身体に記憶している。

この共鳴があるから、家族は強くなれる。

子どもの笑顔から家族の共鳴へ。
この共鳴が絆を紡(つむ)いでいく。

未来への原動力と記憶

ひまわり学級だより「ひまわり」

　先日、久しぶりに電車に乗る機会を得ました。最近は車で出かけることが多くなり、とんと電車の車窓（しゃそう）からのんびり風景を眺（なが）めるなんてことは、ありませんでした。

「あれっ、こんなところに大きなビルが建っている」

「大きな道ができているなあ」

　そんなことを思いながら外を眺めていました。車窓から流れる風景の記憶が、幼い頃に母に手を引かれ、オレンジとグリーンのツートンの電車から見ていた情景だったことに気づいたのは、もう目的地に到着する間際（まぎわ）のことでした。

　以前の記憶が、もう二〇年以上も前であることに驚くと同時に、よく二〇年以上も前の記憶がよみがえってくるものだなあと不思議な感じがしました。そう言えば同じようなことが前にもありました。卒業した大学に行った時のことです。学生時代、よく走り慣れた道を車で通っていて、以前は左折していた箇所が大きな広い真っすぐな道になっているのですが、真っすぐな道だと分かっていても、その場所に来ると左ウインカーを出してしまうのです。一〇年以上もたった今でも…。身体に沁(し)みついた記憶、不思議です。

●

「将来なりたい職業?」

小学校卒業文集のその欄に私は〈県庁に務める〉と書いていました。今からだと顔から火の出るくらい恥ずかしいです(最初は、悩んだあげく〈作家〉と書いていたのですが、〈小説家〉と書いていた友だちがいたのでやめました。今、思うと、やっぱり〈作家〉と書いておけばよかったと思っています)。

私がなぜ〈県庁に務める〉などと、子どもらしくないことを書いたのか考えると……、当時、私の母親や祖母が話している時に、

「幸司も、県庁に務めるくらいになれば通えるし、いいのになあ…。」

と、談笑(だんしょう)している姿を印象深く覚えているからなのです。その母や祖母の後ろ姿を

見て、私も母や祖母や家族の望む職業につこうと、子ども心に思ったからなのでしょうか。いえ、そういう匂いや空気が私自身の身体のなかに沁みついていたからだと思うのです。

（一九九六年一一月）

私がこの学級だよりを書いたのは、三一才のときである。学級だよりの前半部分に認めた電車の記憶は小学生の頃のことだが、小学生の頃の記憶がよみがえってくることに不思議な感覚があった。もちろん、現在の私がこの学級だよりを書いた頃を思い起こすのも、同じ二〇年が経過しているのだが、どうも両者は異なるような気がしてならない。頭のなかで覚えている記憶のようなものと、心や身体のなかにいつの間にか沁みついた記憶とは何だか違うような気がするのである。

私には心理学や脳科学などの専門的知識があるわけではないので、これは単なる私自身の感覚にすぎないが、記憶には、「あの頃はこんなことがあったよね」「昔はよかったなあ」「以前はなんて不便だったのだろう」というような頭のなかで思考・理解している意識的な記憶と、以前の出来事を思い出そうとしているわけでもないのに、いつの間にか、以前の行動様式にそって行動しているものがあるのではないだろうか。例えば、真っすぐな道だと分かっているはずなのに、その場所に来ると左ウインカーを出してしまうような無意識の記憶である。前者は単に脳で思考し、客観的に判断理解したもの、後者は脳に頼るわけではなく、身体に沁みついた反射的な行動や思考のことを示している。仮に、前者を「意識ある記憶」、後者を「無意識の記憶」と名付けておくこととしよう。

私がこの学級だよりで取り上げたのは、後者の「無意識の記憶」のことである。この「無意識の記憶」が、子どもが成長していく段階で大きくプラスに作用し、子どもの未来に望ましい影響を及ぼすのではないかと感じている。

こうした私の感覚の背景には、一九九〇年代の教育学のある研究状況があった。それは、セルフ・エスティーム（self-esteem）という聞きなれない概念である。日本語訳は「自尊感情」というもので、「自分を大切に思う気持ち」「自分が役立っている感覚」などと説明されている。当時の学校現場では、特に、人権教育のなかで、この概念の重要性が声高に唱えられるようになった。

例えば、当時の人権教育に大きな影響を与えた『わたし出会い発見』（大阪府同和教育研究協議会、一九九六年）によると、本書の第一項目として、「これ（セルフ・エスティーム）は、『一生懸命生きているから自分が大好きだ』という気持ちである。自分を否定するのではなく肯定的に認め、『自分らしさ』に自信をもち、自分を価値あるものとして思えるようになることである。そうして、自分の立場と自分の生き方に『誇り』をもてるようになること、これがアイデンティティの確立ということである」と紹介されている。つまり、セルフ・エスティームが育っていくと、子どもたち自身が安定し、規範意識や学力の向上等にもつながり、未来に力強く向かっていく原動力になると述べているのである。

確かに、自分自身を大切にしたり、好きになったりする感情がないと、将来にむかって、たくましく歩むことはできないだろう。子どもたちをエンパワメントするためにもセルフ・エスティームへのアプローチは重要といえる。

私は「無意識の記憶」というものが、家族の何気ない会話や子育てのなかで育まれ、セルフ・エスティームを醸成（じょうせい）していくことにつながるのではないかと考えている。親や家族が我が子の将来を明るく語ること、家族や親類までもが真剣にその子どもの将来を語ることは、子どもにとって深い愛情を感じることであると思うのだ。とても尊いことなのだと思う。

私は、小学生の頃に沁みついた記憶というものが、懐かしさ以上に、人格形成上において、大きな背景になっていると感じる。

家族が我が子の将来を真剣に語ることは尊い。
子どもが未来に向かう原動力となる。

身近な人との出会い

学級だより　2年生「受け月」

サッカーとスキーで傷(いた)めた膝(ひざ)の検査のために入院しました。

毎日のスケジュールが決まっていて、それにそった生活。生活リズムが管理されています。さらに、病院のベッド、洗面所、リハビリセンターと、本当に限られた空間での生活です。

窓から外を見ますと、いつも通り慣れた道が、こんなに遠く感じられたことはありませんでした。窓ガラスのなかに、補強のため、はりめぐらされている針金が鉄格子(てつごうし)のように感じられたのは、疲れていたからでしょうか。

生活時間が決められ、生活空間が限られている…鳥小屋のなかの小鳥のように感じていましたが、でも、何か違うような気がしてきたのです。

時間と空間の制限のある世界。

それは、もしかして「人生」そのものでしょう。八十余年という寿命。家庭を中心とした生活空間。その本当に限られた時間と半径数キロメートルという生活空間のなかで「人と人が出会うということ」は、まさに偶然であり、生前よりの必然のようにさえ感じられます。人は出会うべくして、出会っているのです。

●

子どもたちにとって、出会いとはどのようなものでしょうか。

ある意味で、このお正月という時期は出会いの季節と言えます。日記を読んでいましても、様々な出会いが描かれています。

しかし、自分の「生」の存在に気づく時期が青春期とするならば、子どもたち（まだ未分化の）の出会いは、「無意識の出会い」でしょう。出会いの対象は、七割が母親、二割が父親、残る一割が家族でしょうか。

毎日の生活体験・ふれあい・そのすべてが出会いなのでしょう。

●

病院の窓から見える風景で一番好きだったのは、夕方の風景でした。夕方になると、家々ごとに灯がともります。その灯を見るのが大好きでした。灯には、温かさがあります。こんなに温かいものはありません。家庭の温かさでしょうか。人間の温かさでしょうか。

私は、幼い頃より、台所の灯を家の外から見るのが大好きでした。何ともいえない気持ちになります。夕方、鍋や台所用品のかげが映った台所の窓からの灯には、温かさが映し出されているような気がしてならないのです。だから、私はその灯が見たくて、遠まわりして帰ったり、電車からみる夕方の風景を熱心に見入ったりしたこと、思い出します。

夜の冷たさと対象的に、映し出される家庭のぬくもり、自然の刹那と対照的に映し出された人間の温かさがあるように思えてなりません。

●

子どもたちの出会いは、この「灯」との出会いです。

「灯」のうちにある温かさ・ぬくもりとの出会いなのです。どうか毎日の出会いを大切にしてあげて下さい。その出会いの「ぬくもり・よろこび・せつなさ・やすらぎ」を子どもたちは無意識に感じていくのです。

人は出会うべくして、出会っているのです。

ふるさとは遠きにありて思ふもの
そして悲しくうたふもの
よしや　うらぶれて異土の乞食となるとても
帰るところにあるまじや
ひとり都のゆふぐれに
ふるさとおもひ涙ぐむ
そのこころもて
遠きみやこにかへらばや
遠きみやこにかへらばや
（「小景異情（その二）」室生犀星）

（一九九五年一月）

幼い頃から、夕方の風景が好きだった。

秋も深まる頃だろうか。夕方になって、自転車で帰宅しようとすると、夜の帳が下りてきて、その速さによく驚かされたものだ。遊びつかれた身体で家路を急ぎ、家々にともっている灯を見るにつけ、さみしさがぐんぐんと心に迫ってきたことを覚えている。

そんな情景が、なぜ好きなのかというと、夜の帳が下りていくさみしさのなかで、家に帰っていくうれしさというか、温かさといったらいいのか、自宅に近づいていく感覚が何とも言えないふくよかな感じがしたからだ。

ふくよかな感じの理由は、家で私の帰宅を待っていてくれる母親をはじめとする家族の存在があったからに他ならない。夜の闇が近づいてくるさみしさと対照的に、自宅のほんのりと、ともった灯にぬくもりを感じていたのだ。

暗くなった田舎道を自転車でこいでいると、自宅の灯が見えるまで、田畑に囲まれた多くの家々の灯と出会う。玄関側が見える場合は黄色に近い電球色の玄関灯が見える場合が多く、玄関と反対側が見える場合は台所の昼白色の灯に照らし出された鍋や薬缶の影が映し出される場合が多い。そのいずれからも、何とも言えぬぬくもりを感じたものだ。私が好きだったのは後者で、縦三段ほどの水まわりの棚に並べられた鍋や薬缶が映し出された陰影を、田畑一枚はさんで見るのは、家族の温かさをより感じて、心なしか自転車のペダルを強く踏んだものである。それは、鍋や薬缶の影の後ろには、夕食の準備をしている家族の姿を感じ取れたからだ。

　今では、対面式のキッチンが主流で、水まわりの前面が窓ガラスということ自体、稀（まれ）なことだろう。外から見ると、台所に窓ガラスがあって、いろんな調理器具が並べられてあり、その調理器具の後ろに、夕食を作っている人がぼんやりと感じ取れるということがないのかもしれない。

　でも、家路を急ぐ子どもたちの思いは、今も昔も、きっと同じはずである。

　私は、家路を急ぐ自転車から、いや、その自転車から見える「灯」から、家族と出会った気がする。多くの方々は、直接的な家族との会話や団らん、旅行などによって、家族の大切さや温かさを感じとることだろう。しかし、そうした直接経験だけではなく、この「灯」のような間接的な経験が、人間としてのしなやかな強さとして、存在していくような気がしてならない。

「人は出会うべくして、出会っている。」

　私たちは、成長と共に、出会いの質も量も、圧倒的に増してくる。成人した後は社会での交流の深まり、役割の重さとともに、出会いはピークを迎えていくことになる。

しかし、子どもたちにとっての出会いとは圧倒的に身近な方々との出会いに凝縮される。こうした出会いが未来への大きな礎石となるのだ。

家族との出会いは無意識の出会い。
無意識の出会いが人間のしなやかな強さになる。

第3章　出会いのすばらしさということ

「本気の『よさこいソーラン』」

大切なものと寂しさ

学級だより　２年生　「受け月」

教室から、物がなくなりました。

廊下からも、図書室からも…。

小さな綿ぼこりと染みついたようなげた箱や掃除道具入れの跡。

「お世話になった教室や廊下を、力一杯、みがこうね。」

と、約三十分の清掃。素直な子どもたちは、千回を目指して雑巾を手早く動かしていきます。清掃も終わりに近づいたとき、背面黒板に詩を書きました。


「さよなら」

きょうしつ　さよなら
ろうか　さよなら
ロッカー　さよなら
ゆか　さよなら

この続きに「ともだち　さよなら」と書いたら、「まださよならじゃない」と言う声。それは書かないで…と訴えているようでした。その続きには、「クレヨンふんづけてごめんね」「あばれていたかったでしょう」「いっぱい、いっぱいありがとう」「いま、ほんとにありがとう」と書き加えることにしました。

子どもたちは、学校改修のため、教室が壊(こわ)されていくことに（二年生なりに）、寂しさを感じているのでしょうか。

「ただいま」「おかえり」教室に子どもたちの声がこだまします。

●

私の恩師であり、教育者として大先輩の先生がペンをおかれることになりました。「ペンをおく」といっても作家をお辞めになるというのではなく、現在いそしんでおられる仕事から身を引くとのこと。大変、本好きな先生で、その先生の実践に影響を受けた先生も少なくありません。そのなかのひとりの先生が、たどたどしく、唇をふるわせながら、ぽつりぽつりとお話になられました。

「年齢的なものもあって…、お辞めになるんですって…。」

人間の白秋の寂しさを感じずにはいられませんでした。

●

現在の学校が建てられたのは、二十数年前のこと。今、装いを新たにしようとしています。そして、二学期には全校の子どもたちを再び優しく包んでくれます。そして、これから入学してくるだろう子どもたち、この世に生を受けていない子どもたちをも、やさしく包んでくれることでしょう。

人間は、たかだか百年に及ばない「生」ですが、そこには朱夏の季節だろうと白秋の季節だろうと、たくさんの不条理をはねかえしながら生きているというだけでものすごく価値のあるもののように思うのです。

「寂しさ」という思いのなかで、こんなことを感じました。

二年生の子どもたちも、人間の寂しさを感じるのでしょうか。

（一九九四年七月）

この学級だよりは一学期最後の学級だよりである。「一学期最後にお礼やらいろいろ書くつもりだったのですが、どうもとりとめがなくなってしまいました。ごめんなさい。二学期も一学期同様によろしくお願いします」との追記をしている。夏休みには、校舎の老築化による床や壁の張り替え工事の予定があった。よって、一学期の最後の大掃除では教室のものすべてが運び出されているのだ。

そんな教室の床を一生懸命にみがく子どもたち。

大人から考えれば、工事で改修されるのだから、今さら清掃もないだろうと思われることだろう。でも、子どもたちは今までお世話になった教室に感謝の意を込めて、一生懸命にみがいていく。ここに子どもたちの素晴らしさがある。私はそんな子どもたちの思いを背面黒板に詩として表した。詩の続きはこうである。

クレヨンふんづけてごめんね
あばれていたかったでしょう
いっぱい、いっぱいありがとう
いま、ほんとにありがとう

壊されてく教室の背面黒板に私が詩を認(したた)めると、子どもたちが自分たちのかわいい絵を描いてくれた。何もない教室に、小さな花が咲いた気がした。

子どもたちの声がこだまするのは、物が何もなくなったために、声がいつもよりも反響しているためだ。いつもより、反響する声に驚きをもってうれしそうな子どもたちも、何もない教室にびっくりして、寂しさが増していき、だんだん静かになっていく。

子どもたちの感じる寂しさってどんなものなのだろうか。

あのいつも笑っていて、いつも飛び跳ねていて、元気いっぱいの子どもたちが感じる寂しさ。それは、直接的には子どもたちが普段使っていた教室のいろいろな物がなくなったからに相違ない。別れのような感覚が子どもたちのなかに生まれたのだろう。

それは、単なる「空間」ではない。

友だちや教師（私）と共に生活した教室という「生きた空間」なのだ。

友だちや教師と過ごした毎日が、自分たちを温かく包んでくれたことを知っているのである。この空間に自分の席があるから、子どもたちは学校に来るのだ。

子どもたちが大切にする仲間がそこに存在しているからである。

寂しさは大切なものがあるときに感じる。
仲間と過ごした大切な空間や時間。

優しさが生まれるということ

学級だより　5年生「出会い」

体育館に入ると、小気味よい太鼓の音と親しみやすい歌声が聞こえてきました。

そんな楽しい雰囲気のなか、講師の先生の明るいトークとトムくんのかわいい芸「猿まわし」がはじまりました。題目は「おさるの学校」。一瞬にして、子どもたちは先生の世界に引き込まれていきます。

講師の先生のご夫婦の優しさが印象的でした。まだ、入学したばかりのトムくんの芸と、トムくんを抱っこさせてもらった子どもたちは、みんなニコニコ顔で教室に戻ってきました。

●

今日の「おさるの学校」で一環（いっかん）して流れていたものは「優しさ」でした。まるで、トムくんを自分たちの子どものように、自分の生徒のように触れ合っていた講師の先生の講演会での言葉がとても印象的でした。

「私が今日したのは見世物(みせもの)ではありません。芸能です。今日の一時間のなかで優しさが生まれてくる…。そんな時間にしたかったのです。」

その言葉の通り、トムくんが「芸」をしやすいようにトムくんに話しかけたり、だっこしたり、ほめたり…。講師の先生だけではありません。

私たちもトムくんに対して、知らず知らずの間にトムくんの芸が成功するように、こころのなかで応援をし、成功したら大きな拍手をしていました。いつの間にか、「優しさ」を共有していました。

●

講師の先生が講演の最後に言った言葉。

「自分以外のものを自分以上に愛した時、優しさが生まれてくる。」

今、こうしてペンを走らせていて、何となく実感しています。

(一九九五年一一月)

小・中学校では、広く社会から文化やスポーツを学ぶ機会が得られるように、講師招へい事業が行われている。児童・生徒だけで学ぶこともあるが、参観日などを活用し、保護者との合同の講演会となることも少なくない。この芸術鑑賞会も保護者との合同講演会であった。

芸能であったり、スポーツであったり、ホンモノに触れる機会があることは、子どもたちにとって、大変貴重な経験であることだろう。ぜひ、こうした事業が充実するように、国や地方自治体から、さらなる支援があれば有難いものである。

講師の先生が言った言葉「自分以外のものを自分以上に愛した時、優しさが生まれてくる」は、そうたやすいことではない。おそらくは講師の先生のトムくんをはじめとするサルたちへの愛情表現だと思うが、限りなく深い。

私など、まったく足元にも及ばない。このような境地に至ることなどできていない。

ただ、私が中学生のときの担任の先生は、もしかしたら私たちのために身を投げ出してくれるのではないかと思う先生だった。私たちがつけた先生のニックネームは「キッド」。他を寄せ付けない迫力があった。

その先生の年齢は、おそらく五〇歳前後であったと思う。ラグビーをしていたという噂(うわさ)

で、身体はがっしりとしていた。寡黙な先生で、泰然自若としておられた。先生の好きな言葉は高村光太郎の「道程」のなかの言葉だった。どの言葉が好きなのかは聞いたことがないが、「この詩はええ詩や。だから暗記しとけ」が先生の口癖だった。

同級生からは、「怖くて嫌やろ」「私たちの先生のほうが若くてええ」などと、よく言われた。しかし、私たちクラスのみんなは、担任の「キッド」先生のことが大好きだった。先生のお人柄を私たちは尊敬していたのである。先生のように真っ直ぐに生きたいと思った。

思い起こすと、よくゲンコツを落とされた。先生は無口で、一日のうちで「おわり！」という一言しか聞かない日も多かった。先生の前に出ると、何も言えなかった。いや、ぶるぶると震えていたのかもしれない。先生がたまに大声で笑われたとき、私たちもつられて大声で笑った。そんな時、胸をなでおろしたものだ。

中学校三年生の初夏、学年班長会議という席上で私たちのクラスが問題にされたことがあった。何か悪いことをしたわけではない。ただ、まとまりがないという理由だった。〝針のむしろ〟だった。参加者は学年担当の全先生と七八名の生徒である。そのとき、「キッド」先生は全員の前で私たちに言った。「わしが悪い、こいつらのせいでない」と。私たちは涙が止まらなかった。

この先生は私たちを守ってくれる。

参加した私たちのクラスの班長全員がそう思った。

卒業式、私たちが「ありがとうございました」と言っても、先生は何も言わず頷かれただけだった。それから、一〇年後の同窓会ではじめて先生の涙をみた。後から聞いたことだが、私たちが担任した最後の生徒だったという。

先生には多くのエピソードが残っていた。事実のほどは分からないが、例えば次のようなものだった。台風による大雨で橋が流されて、先生の住んでいる地域が孤立状態になった。何とかロープをかけて橋をつくらねばならない。誰がそのロープをかけに行くかを相談していたところ（もちろん、誰もしたくはないだろう）、その先生が何も言わずに川を泳いで渡ったのだという。普通なら、作り話だろうと笑うところだが、その先生ならホントかもしれないと私たちは考えていた。

また、中学校三年生で「聖職の碑」という映画を学校で鑑賞した。この映画は中央アルプスの木曽駒ヶ岳における山岳遭難事故を映画化したものだが、教師が生徒を命がけで守るという内容で、「生きること」「愛すること」の意味を教師と生徒に問いかけた。この映画鑑賞のあと、同じ学年担当の先生のひとりが、あの映画は君たちの先生のようだったと話してくれたことを覚えている。

「自分以外のものを自分以上に愛する」とは、対象は人間だけではないだろう。それは動植物かもしれないし、自然かもしれない。組織のようなものかもしれない。自分以上でなくても、自分と同じように愛せる対象があることは幸せなことだ。本当に尊いことだと思う。そのような対象を見つける生き方を大切にできる人は真の意味で立派だと思う。

自分以上に、または、自分と同じように愛せること。
そこにホンモノの優しさが生まれる。

大地に根をはる生き方

ひまわり学級だより「ひまわり」

校区を歩いていて、国道沿いの方へ足を踏み出してみると、視界に彩やかな黄色と風に揺れる穏(おだ)やかな色あいが目にとびこんできます。この時期、一種の風情を感じさせるような…。そう、セイタカアワダチソウとススキです。

セイタカアワダチソウは、古くから日本に生育しているわけではなく、戦後、日本に入ってきた品種です。一方、ススキは生花にも使われるように、古くから日本に生育しているものです。

戦後の日本は高度成長期と言われるように、目ざましく発展を遂げます。この発展の歴史はセイタカアワダチソウと置き変えられると言われます。高速道路等の建設に伴い、ススキはどんどん死滅させられていき、一方、大変生命力の強いセイタカアワダチソウはその分布をどんどん広げていくことになったというのです。その結果、戦前では見ることのなかったセイタカアワダチソウが、全国の至るところでススキとせめぎあいながら、ススキ以上にその勢力範囲を広げていったのです。

●

先週、読書教室を行いました。講師の先生は、みんなのよく知っているお母さんです。図書室の使い方の学習のあと、低学年の子たちに、『一〇〇万回生きたねこ』『花咲き山』という絵本の読み聞かせをして下さいました。

「おばちゃんね、絵本が大好きなの。」

そう語りかけては、まるで童心にかえったように目をキラキラさせて子どもたちに話してくれました。ひとりひとりの表情を確かめるように読んでいただき、子どもたちも大満足の様子でした。

「この本を読んでいたら、最後に涙が出そうになるの。」

そう話された講師の先生に大きな優しさを感じました。

●

ちょうど、講師の先生のお家からも、中州(なかす)にセイタカアワダチソウとススキが美しく見えるそうです。ススキに、戦後の高度成長期に見失われがちだった「人の優しさ」のようなものを感じるのは私だけでしょうか。
「思いやりの心」や「優しさ」が人権の基本になるのは言うまでもありません。
「おばちゃんね、お嫁に来る時も、この本が大好きで持ってきたんよ。」
そう言っていた講師の先生の姿が忘れられません。講師の先生は、ススキをどんな思いで眺めているのでしょう。花粉症の私は、断然、ススキにエールをおくりたい気分です。

（一九九六年一〇月）

私の住んでいる町の中央には川が流れており、町の観光の中心的役割を果たしている。手前味噌（てまえみそ）で恐縮だが、六月にはホタルを見ることができて、夏にはアユ釣りの方々で大変にぎわいをみせる。とてもきれいな川である。川の中央部には中洲があり、かつては多くの人がその中州で畑作りをしていた。その畑に行くために、畑を営んでいた人たちによって、小さな手作りの一本橋が架（か）けられていた。

平成の河川改修後は、その中洲にススキとセイタカアワダチソウが群集して生育している。ススキとセイタカアワダチソウの勢力圏争いについては、高度成長期の高速道路拡張とともに、セイタカアワダチソウの優位が論じられてきたが、最近はススキがセイタカアワダチソウよりも勢力圏を徐々に取り戻している場所もあるようだ。私は花粉症にかけながら、高度成長のなかで見失われがちだった「人の優しさ」を論じているが、どうやらセイタカアワダチソウは虫媒花であって、花粉症とは無関係のようだ。お恥ずかしい限りである。いずれにしても、この学級だよりを認めた当時は、ススキとセイタカアワダチソウは拮抗していたように記憶している。

久しぶりにその中州に行ってみた。

かつて、多くの人が畑作りをしている場所は、もう今は足を踏み入れることはできない。畑に行くために、一本橋を架けていた手前の岸はきれいに芝生で整備され、川底は河川改修によって、深く掘り下げられている。大雨や台風が来るたびに、一本橋が流され、祖父たちは大変な苦労をして橋をかけたものだが、今はその名残を見つけることはできない。そういえば、幼い私は一本橋を渡るときはいつも安全に渡れるように、大人同士の間に挟んでもらったり、人が向こう岸から来た時には橋が連結している箇所で待ってもらったりしたことを記憶している。

「下を見ないように渡るんやで。」

「かしこいなあ。畑のお手伝いかあ。」

と声をかけていただいた。みんな本当に優しかった。

そんなことを思い出しながら、中州を眺めてみると、中州は圧倒的にススキ色をしていた。これは決して、私が感傷に浸っているから感じたのではなく、事実としてススキが大勢を占めていたようだ。

人の優しさというものは「流行り・廃り」ではなく、ずっと脈々と続いているもののように感じている。台風や洪水を幾度となく経験した中州には、人間と同じく、時間を超えた温かい優しさが大地の根っこにあるように思う。

私たちが今、人類をあげて闘っている新型コロナウイルスとの格闘も知る由もないことだろう。

人の優しさは、深く、深く、大地に根をはる。
大地に根を張る生き方とは「思いやり」のある生き方だ。

「聴聞（ちょうもん）する」ということ

学級だより　6年生「ラストラン」

そうじ時間の終わりのことでした。図工室そうじの人がツバメのヒナが巣から落ちていたと持ってきました。巣に戻すこともできず、このままでは死んでしまいます。誰が言うのでもなく、みんなで世話をして、育てていくことになりました。すぐに、みなさんはエサを探しに行きました。そして、みなさんは、新聞紙をちぎってヒナの巣作りをしてくれました。

みなさんの生き物に対する優しさをとても感じることができました。しかし、残念ながら翌朝にヒナは死んでいました。

次の文章は図工室そうじのKさんの日記です。

次の日、あいさつ運動が終わるとダッシュで教室に。もちろん、行くところはヒナのところ。

「ヒナ、大丈夫かな……」と急いで行くと、目を閉じて動いていませんでした。私はビックリして、「寝てるだけ、寝てるだけ」と、自分に言い聞かせましたが、いろいろなことが頭によぎってきました。

〝みんな一生懸命にエサをさがしたのに……〟

〝何で死んじゃったんだろう……〟

〝もっと側にいてあげればよかった……〟

私は後悔の連続で頭が真っ白でした。

そんな時、みんなが来てくれました。どうか寝てるだけであってほしいと願いましたがだめでした。先生が「今から行っていいよ」と、言ってくださったので、私たちはお墓を作りに行かせていただきました。

ヒナの顔はとても安らかそうでかわいかったです。

埋めるときは身を切るような辛さでした。

どうか、天国に行きますように……。

鎌倉時代に親鸞（しんらん）という人がいました。この人は、「悪人正機説（あくにんしょうきせつ）」といって、「善人（ぜんにん）が救われるのは当たり前で、悪人（あくにん）こそが救われるべきである」と言った人です。社会科の勉強でも出てきますよ。

「悪人」というと何か悪いことをした人のように思われがちですが、悪人とは世の中一般の人のことをいって、「自分の罪深いことを分かっている人」という意味で使われています。

私たちは生きていくなかで、いろんな場所で、いろんな時に、後悔をしたり、自分の行為を振り返って反省したりします。そのたびごとに、自分を責めたり、悔やんだりするものです。

でも、そんなとき、静かに手を重ねたり、合わせたり、目を閉じて心を静かにします。そうすると、私たちの心のなかのざわつきはなくなり……。まさに、Kさんの日記の最後の言葉と心「どうか、天国に行きますように……」の心境になるのです。

この「……」の心境を仏教の言葉で「聴聞（ちょうもん）」と言うそうです。「聴聞」とは「聴く」「聞く」と書きます。

ある書物のなかで、私たちは、日常、自分のことばかりが先にたって、「○○ができるようになりたい」「自分の願いがかないますように」などと、仏様神様の前で手を合わせたときでさえも、自分の願いばかりを言うものだという文章に触れたことがあります。本当にそうだと思います。これでは、周囲からの声が何も聞こえてきません。

その書物では、私たちは自分の心が静かになったときこそ、自分の声ともならぬ「声」が聞こえてくるようになるのです、と書かれていました。

私はKさんの日記を読んでとても大切なことに気づかされました。

（二〇〇七年六月）

Ｋさんは、もう成人して二〇代半ばを過ぎている。Ｋさんと偶然に出会うことがあり、この学級だよりの内容を話したことがある。きっと覚えておられないだろうと思っていたが、「先生、もちろん覚えていますよ。学級だよりに載っていましたよね」と元気はハツラツと私に話してくれた。その時は「へーっ」と感心しただけだったが、子どもたちは教師が働きかけたことをよく記憶しているのだ。教師としての仕事の大切さ、子どもたちに与える影響の大きさを感じずにはおれない。

さて、この学級だよりの後半部分の「ある書物」とは、大谷光真（おおたにこうしん）さんの『朝（あした）には紅顔（こうがん）ありて』（角川書店、二〇〇三年）のことである。書物では「目を閉じ、こころの目を開き、こころの耳を澄ますこと」の大切さが述べられていて、「自分のお願い事のことで頭がいっぱいで、外からの声、すなわち仏さまの声が聞こえません」という言葉が印象的だった。そういえば、お正月の初詣のときはもちろん、寺社にお参りに行く際にも、確かに自分自身の願い事ばかりしているなあと自戒（じかい）している。これからは願い事ではなく、「今日も一日ありがとうございました」と感謝の言葉を述べるようにしようと思ったのだが、なかなかその通りにはいっていない。神仏の前にたつと、やはり、自分の願い事を言ってしまう自分がいる。

最近、いつも行っている近所の神社にお参りに行こうとした際に、宮司（ぐうじ）さんのお母さまが境内（けいだい）と外の道路にまで広がっている落ち葉を掃除している姿をみかけた。車越しに思わず、「いつもすいません」と声をかけ、車を駐車場に停車させた。神社には銀杏（いちょう）をはじめ、多くの落葉樹がある。神社の境内の落ち葉を集めておられる姿はいつも見かけていたが、神社の外の道路まで清掃してくださっている姿をみて、お礼を言わずにおれなかった。

車から降りて近寄っていくと、宮司さんのお母さまは「今年は気候のせいなのか、もみじの紅葉が上側だけで、下側がまだ緑なんですよ」とおもむろにもみじの木々の紹介をしていただいた。そうしていると、「今日は夕焼けがとてもきれいですね。何か筋のような夕焼けですね。こんな夕焼けは珍しいです」と仰られた。まさに、宮司さんのお母さまは「聴聞する」ことを実践されておられるのだと感じた。

そして、その言葉から、毎日毎日、このように境内はもちろん、境内外の道路までも清掃をしていただいているのかと思うと、自分の願い事だけのために神社に来ている自分が恥ずかしくなった。

この日のお参りでは、手を合わせて「いつもありがとうございます」と素直に言うことができた。

感謝の気持ちは私たちの生命線だと思う。私たちとは私たち「仲間」のことだ。仲間には大きなものもあれば、小さなものもある。ネット上の仲間もあれば、クラスの仲間のような実際の仲間もある。

そんな集団すべてのなかで根幹をなしているのは「感謝」だと思う。

「聴聞する」とは心静かに耳を傾けること。
「ありがとう」の声が聞こえてくる。

ヒロシマへの思い

学級だより　5年生「出会い」

私が初めて広島を訪れたのは、七年間、交際していた彼女と別れたときでした。センチメンタルになっていたのは確かですが、何となく手持ちぶさたで、やるべきことも思いつかなくて、一度行ってみたいと思っていた広島の街を訪れたのです。

原爆が落とされ、そこから立ち上がった街。そして、何かを訴え続ける街。原爆ドームの前に立つとき、自分はどんな思いで、そこに立つのだろう。原爆慰霊碑の前で、どんなことを感じるのだろうか。私はいったい、どんな反応をするのだろうか。広島という街に、そして、原爆ドーム・慰霊碑の前に、自分を置いてみたかったのです。

慰霊碑の前に立ったときのこと、今でも忘れません。目の前で、慰霊碑を見た瞬間、頭のてっぺんにまで電気が走ったような感覚でした。

碑（いしぶみ）に書かれている言葉をご存知ですか。私は「愛」とか「平和」とか、象徴的な言葉が示されているのだろうと思っていたのですが、そこには…

「安らかに眠ってください　過ちは繰返しませぬから」

と、刻まれていたのです。私はすごい衝撃を受けました。

その年以来、私は毎年、広島に出かけるようになりました。

●

広島の平和大橋の架け替えのニュースを一昨日の新聞で目にしました。この橋は、アメリカ人の母と日本人の父の間に生まれ、日米の狭間で心を痛めたノグチ・イサム氏が恒久平和への願いを込めた〈復興のシンボル〉でした。

先日の開校記念日、この橋をのんびり渡ったっけ……。私が広島を訪れるようになって四年余り、この平和大橋を渡って、いつも平和公園に行きました。そして、いつも原爆慰霊碑の前に立ち、いつもドームの前を通って路電へと向かいました。しかし、平和記念資料館へは足を踏み入れませんでした。

怖かったのです、傷ついてしまいそうな自分が。

逃げていたのです、事実である歴史から。

六月一日木曜日、この日は、いえ、原爆投下後五〇年にあたる今年こそはと、思い切って資料館に足を進めました。資料館では、多くの遺品や資料が私たちに原爆の恐ろしさや平和の大切さを訴えていました。無言で……。

私は言葉にならない気持ちでした。心につんざくようなものを感じました。

私と歩みを同じくした外国人の方も、おそらく私と同じ気持ちだったに違いありません。ひとつひとつ、そこにある空気までもが、生命の尊さを訴えていました。

●

職員室の前の廊下に、古い校医さんから寄贈された原爆投下の際の瓦があります。今日、子どもたちに見せて、「平和の大切さ」や「生命の尊さ」を感じ合おうと思います。何だか、耳をすませば近くに大切なものがあるような気がしてなりません。

（一九九五年六月）

独身時代、毎年広島の街を訪れた。

広島の街に、何か私を包んでくれるものが間違いなく存在していた。それが何なのか、今となっては分からない。

ただ私は、平和公園へと向かう路面電車から見える風景が好きだった。その路電の賑やかで活気ある空気も好きだった。それだけで、広島に来た甲斐があるように感じていた。いや、それだけを感じるために来ていたのかもしれない。

特に好きだったのは、原爆ドームと旧広島市民球場周辺の空間だった。空間というのは変な言い方かもしれないが、原爆ドームでもなく、球場でもないのだ。その両方を感じる、その両方を見ることのできる場所が好きだった。私は一度も野球観戦をしたことはないが、原爆ドーム前で多くのファンが集い、応援する熱い皆さんを見るのは最高だった。広島を物語る歴史的遺産のドームの前に、市民球場があるということ自体が「すごい」と当時、感じていた。

また、一キロメートル弱の本通商店街を東側からウインドウショッピングを楽しみながら元安橋まで到着し、原爆ドームと野球場を見れる場所に立ったとき、「この道はここにつながっているんだ!」と一人で感動したことを覚えているほどだ。今も大切にしている腕時計はこの本通商店街で買ったものである。

紙屋町のバスセンターを中心とした空間も好きだった。おそらく、この学級だよりを認めた一九九五年前後に整備され、心を惹(ひ)かれたことを覚えている。戦争の被害からたくましく立ち上がり発展していく広島の街を、私は眩(まぶ)しく見つめていたのである。

　しかし、学級だよりの言葉にある「耳をすませば近くに大切なものがある」という言葉の真の意味を実感したのは、その一一年後のことであった。

　担任していた児童のひとりが、ある広島の写真家が撮ったモノクロの写真を持ってきてくれた。その写真家の名前は迫幸一(さここういち)さん。担任していた児童の曽祖父だった。迫幸一さんは広島で生まれ育ち、モノクロ写真の豊かな諧調(かいちょう)によって、郷土の風景や人々の営みを造形的な観点で捉(とら)え、国際的評価を受けた写真家である。

　私が拝見した写真は、一九五四年の作品で、原爆ドームとキョウチクトウという広島市の市花がいっしょに写っている写真だった。中央にあるキョウチクトウがとても迫力があり、強いモチーフとなっていた。キョウチクトウは七五年間草木も生えないといわれた広島の土地に、いち早く咲いた花だという。当時復興に懸命の努力をしていた市民に希望と力を与えたに相違ない。原爆ドームとキョウチクトウが対比され、強い生命感を感じる作品である。

　私はこの写真を教材として、平和学習の授業開発に取り組んだ。広島市の復興の歴史を、この写真を通して授業化しようとしたのだ。

私はこの授業で教室の子どもたちにこう問いかけた。
「この写真には名前があります。その名前は何でしょう」と。
子どもたちは様々な題名を考えてくれた。
「平和」「生命」「愛」「強い心」などなど…、どれもいい命名だと思う。
迫さんの命名は、「息吹」。
子どもたちは「へーっ」となった。

「息吹」1954　撮影　迫幸一

いつも大切にしている場所。
その場所はあなたのパワーの源になる。

出会いの喜び

学級だより　6年生「つばさを胸に」

人は、いつもいつも、一歩一歩、穏やかに楽しい日々をおくれるとは限らないでしょう。悲しみや苦しみ、辛いことだってあるに違いありません。いえ、もしかしたら、辛く悲しい日々の方が多いのかもしれません。

今、私は職員室にて、この学級だよりを認めています。いつもなら、大好きな教室で書き綴りたいのですが、何だか一人でいるのが淋しくて…何だか……。

あれっ、さっきまで玄関のツバメの巣から元気な赤ちゃんツバメの声がしていたのに、どうしたのだろう。職員室で図工の準備をしている先生のハサミの音が鋭く響きます。……今、再び赤ちゃんツバメの声が聞こえてきました（ホッ…）。

私は、詩が大好きです。

悲しい時や辛い時、悩んでいる時には、いつも私を元気づけてくれます。そして、うれしい時や楽しい時には、私を、私自身を、代弁してくれます。

最近は本屋へ行く度に詩集を一冊手にして帰って来ることが多くなりました。

そんななかで、星野富弘（ほしのとみひろ）さんと出会ったのは、ちょうど三年前でした。

身体が不自由な状況のなか、星野さんは私たちに生きる喜びや生きる大切さを詩や絵を通して教えてくれます。


昨日より、朝の会で星野さんの『かぎりなくやさしい花々』の読み合わせをしています。子どもたちは、一生懸命に私の朗読を聞いています。

毎日、ニコニコ顔の子どもたちばかりではありません。時として、辛い思いで教室に入ってくる子もいることでしょう。

「おはよう」と、教室に入ってくる子どもたち三〇人には、三〇人の思いがあります。いろんな子どもたちと星野さんの温かさを味わって、一日をスタートします。


（一九九二年一一月）

小学校六年生を担任したとき、読書活動や道徳学習の一環として、毎朝、星野富弘さんの詩画を味わう活動を行ったことがある。星野さんの詩画には、大人ばかりではなく、子どもたちも感動する「生きる」ことへの賛歌が表現されている。この星野さんの作品を教室の子どもたちと共に味わいたいと考えたのである。

星野さんは、一九四六年に群馬県勢多郡東村（現みどり市東町）に生まれる。大学卒業後に中学校の教師となり、クラブ活動の指導中の事故で手足の自由を失った後、口に筆をくわえて詩画を描き、全国で「花の詩画展」を開催するようになった。その作品からは、深い感動と共に、人間としての生き方を私たちに問いかけている。

私の教室では、毎日、星野さんの詩画をひとつずつ読み、子どもたちと感想の交流を行っていた。子どもたちは星野さんの凛（りん）とした言葉から、人間としての価値が何なのかを感得（かんとく）していったように思う。

そんな子どもたちが、星野さんの作品を真似（まね）て、自分の好きな花を描き、その絵に自分の詩を載せるようになっていった。少しずつ作品もたまっていった頃、子どもたちは〝星野さんに見てもらいたい〟という思いを抱くようになっていった。

そして、あるとき、私は星野さんのご厚意によって、子どもたちの作品と手紙を直接お渡しする機会を得たのである。

今でも、よく覚えている。星野さんと出会ったときのドキドキとした感情、星野さんの顔をまっすぐに見ることさえできなかった。白いセーターの星野さんが眩しく感じられた。

私は、星野さんの向かいのソファーに座った。ソファーの前には、ワゴンがあった。

〝きっと、このワゴンの上で奥様が色をつくり、星野さんの注文を聞くのだろうなあ…〟

そんなことを考えながら、あいさつをしたのだが、その後の言葉は全く続かなかった。

すると、星野さんのほうから、「遠いところ、お疲れになったでしょう。子どもたちの手紙、読みました。絵の方も、今、見せていただきました。とても、うまく描けていますね」と言葉をかけていただいた。

星野さんのお陰で、私の緊張もほぐれ、それから五分ほど談笑しただろうか。

子どもたちのお気に入りの星野さんのエッセイ「鈴の鳴る道」の話をうかがった。この作品は、星野さんの車椅子につけた小さな鈴が鳴ったエピソードを通して、私たちの心の中の鈴を美しく鳴らすことの意義を問う感動的な作品である。

私は「鈴の鳴る道」のモチーフの背景にある思いをお聞きした。すると、星野さんは、まるで、子どもたちが目の前にいるように、ゆっくりと、丁寧に、語りかけるように、「そこには深く、いろいろな思いがあるのです」と述べられた。

帰校後、私は子どもたちに星野さんのこの言葉をそのまま伝えた。そして、「深く、いろいろな思い」について、私たちは思いをめぐらせた。障がいを持つ固有性が人ぞれぞれの人生の歩む固有性と何らの変わりがないことを…。

自分自身の「生き方への喜び」というものが、人生をどれほど豊かにできるかということを星野さんから、この作品から教えていただいた。

人間には忘れられない「出会い」というものがある。そのときの出会いがその後の人生に大きな変化をもたらすこともある。その時でなくても、数十年後に影響をもたらすかもしれない。忘れられない「出会い」はその人の一生の財産ともなる。

私の星野富弘さんとの出会いは、まさにそうだった。

忘れられない出会い。
その出会いはあなたの財産。

時間を超えた出会い

学級だより　2年生　「おーい」

三連休の後半二日間は京都の龍谷大学へ。浄土真宗の史料収集のためです。私が訪れた龍谷大学大宮学舎は西本願寺の隣にあります。ここには、日常、目にすることができないような史料群が大切に保管されているのです。

さて、私が拝見した史料のひとつに享保(きょうほう)一九年（一七三四年）の史料がありました。了隠(りょういん)という僧侶が写しとったものです。今から二七〇年前の和紙に綴じてある史料です。虫食い箇所があり、うまくページがめくれません。虫食いによって、細かく和紙がからみ合っているのです。どうみても、虫食い以降、誰もこの和綴(わと)じを開いた形跡(けいせき)がないように思います。もしかすると、了隠が記して以降、誰も開かなかったのでは…などと、過大な想像をしてしまいそうになります。もし、そうだとするならば、私が二七〇年ぶりに開いたことになるのです。

●

紙を破かないように慎重に和紙を開き、解読していきます。すると、あるページで、袋とじのなかに何かが挟まっているのを見つけました。透かしてみると、何かの紙のようです、何でしょうか。

袋とじの部分を開いてのぞいて見ました。すると、どうでしょう。銀杏の葉が出てきたのです。とても驚きました。あの虫食い状況から推察して、ある時期以降、だれもこの史料を開いていないはずです。となると、長い年月の間、この銀杏の葉はここに存在していたことになります。

いったい誰なのでしょう。のちに史料を整理していた方でしょうか。了隠自身なのでしょうか。まったくわかりません。可能性は低いでしょうが、了隠が入れたとするならば、どんな気持ちでこの銀杏の葉をしたためたのでしょうか。

●

私は歴史研究者です。史料から科学的に真実を追究することを旨としています。了隠の著を解読していたときも、もちろん相違ありません。科学的な追究の目を持っています。そんな時、一枚の銀杏の葉が、「どんな気持ちでこの銀杏をしたためたのだろう」「何か寂しいことがあったのだろうか」「誰かに託すものだったのだろうか」などと、私を文学的な境地にさせたのです。

銀杏の葉は、私を一挙に文学の世界に引き込みました。

私自身が小さくなります。そして、透明になります。

時間を超えて、身体を超えて、心だけが鮮やかになっていきます。

「生命」を感じた一瞬でした。

（二〇〇四年一〇月）

私が閲覧した史料は、西本願寺の「能化」と呼ばれる著名な指導者であった知空という僧侶の言葉を、了隠が写しとったものである。和綴じの史料を一〇頁ほどめくったとき、袋とじのなかに挟まっている黒いものが目にとまった。

はじめは付箋のようなものだろうと思っていたが、そのハート形が可愛らしく、思わず袋とじの部分からのぞいてみた。すると、間違いなく銀杏の葉だと分かった。西本願寺にも大銀杏があるが、どこの銀杏かは分からない。誰かがここに銀杏の葉を意図的に挟み込んだのだろう。

歴史学は、過去の出来事と現代の問題意識によって、未来を創造していく学問だといわれる。そこには科学としての歴史学の使命が存在する。しかしながら、いつもそのような高尚（こうしょう）な問題意識で歴史を見ているわけではない。私などはボーッとして史料を読んで「面白いなあ」とか、「へー」と感心するような時間も多く、そこから問題意識が生まれることも多い。この銀杏の葉はそれにも増して、衝撃的だった。銀杏の葉の存在自体が科学で把握できない感情や感覚を私のなかに呼び起こしたのだ。


二年前、職場の友人が急逝（きゅうせい）した。私より、数歳、年下だった彼は、小学校現場と違って、人づきあいの少ない大学現場において、公私にわたって、唯一、本音で相談できる友人だった。そんな彼がいなくなったことは、私にとって、とても大きな出来事だった。彼のいない毎日の職場の喪失感は相当なものだった。加えて、私は管理職としての激務のなかで強いストレスを受けていた。精神的にもかなり疲弊（ひへい）した。崖っぷちに立ち、〝人間〟の白と黒のグラデーションが鮮やかに見えた。

さらに、持病の椎間板ヘルニアによる腰痛・下肢痛が悪化し、手術を受けねばならない状況になっていた。一度は手術を決めていたが、心の不安定さにより、自分自身の健康を手に入れる機会さえも、手放すことになった。その後は砕けるように、心と身体がバラバラになった。眠れぬ日々が続いた。誰を信じていいのか分からない。どこに向かって生きていけばいいのか分からなくなっていた。

でも、一筋の光が差してくる道筋は残っていた。

私に明るい光を照らしてくれたのは、私が指導者としてかかわっている地域のサッカークラブに来ている子どもたちだった。あのキラキラした目で、笑顔いっぱいにグラウンドを駆けまわる子どもたちから希望の光をもらった。まだ、言葉の発達が充分でない五歳の男の子が「また、あち（し）たな！」と言って、ハイタッチしてグラウンドをスキップで後(あと)にする姿を見て、私はこの〈子ども〉のために、いや、広く社会の〈子どもたち〉のために、何かできるのではないかと思った。

私の研究内容はこの時に変わった。単なる歴史学から、学校教育実践学を踏まえた歴史学へと進展したのである。この子どもたちとの出会いがあったからこそだ。二年前に、精神的にも身体的にも疲弊したなかで、私が選択した道が、自己の保身のためではなく、学生たち〈子どもたち〉に軸足を置いた判断を行ったことが、光が差し込んでくる道筋を残すことになったのだ。結局、小学校現場のときから〈子どもたち〉に説き続けた「相手によって態度を変える人間になってはいけない」「自分の信じた正しさに真っすぐに歩みなさい」ということが、自分自身を一時的には苦しめはしたが、最終的には私を救ってくれた。

二〇二〇年一月、私は長いトンネルを抜けようとしていた。この〈子どもたち〉の出会いが持病の椎間板ヘルニアを克服するための手術を決意させてくれた。

私が、今、生かされているのは〈子どもたち〉との友情によると思う。〈子どもたち〉とはサッカークラブの選手だけを指すのではない。社会すべての〈子どもたち〉のことだ。そして、私の〈子どもたち〉への思いを理解してくれる家族との友情、私をいつも支援してくれる地域やサッカークラブの仲間たちとの友情、まだ見ぬ他人であったとしても、書物のなかで応援してくれる方々との友情が私の背中を押してくれる。

――銀杏の葉は、私に語りかける。

時間を超えて、大切なものとは何かを。過去も現在も、そして、未来も変わらぬ、この人間としての気持ち・思い・こころ・友情を。肉体が滅んでも、なお残り続ける大切な言葉によって、説き続けることの大切さを。

人生のなかで最も重要視したい「友情」。
出会いの喜び、友情の尊さ。

第4章　学校に行きにくいみなさんへ

「サッカーやろうぜ！」

夢ではなく粘り強さを

学級だより　2年生「こころ」

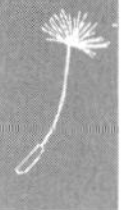

ぐんぐん伸びていく子、大人でも尊敬する人・魅力ある人には、共通の特長があるように思います。「やり始めたことは、最後まで粘り強くやる」ということです。私が身をもって、このことに気づいたのは、大学時代のサッカー部のときでした。いっしょにプレーしていた親友の哲也君との友情があったからこそ、感じ取れたと思っています。

私の所属するサッカー部は、非常に厳しくて有名でした。毎日の練習時間は一時間ほどでしたが、その前後には自主練習があり、合計にすると四時間近くになることもありました。私の同学年の部員は一〇名近くいましたが、途中で退部するものが後をたたず、結局一年間を終えて残った部員は私と哲也君の二人だけでした。大学リーグ戦では一一人ギリギリで戦い抜くことを余儀(よぎ)なくされていきました。

でも、心はいつも熱かったように思います。他の多くの部活動は大学三年になると、就職活動をひかえ、引退となりますが、私たちは卒業する間際までサッカーを続けていました。私たちがつくってきた大好きなサッカー部を存続させたいという一心からでした。

一番苦しかったのは、小学校教師になることを決めた三回生の終わりごろから、教員採用試験がある四回生の夏までの期間でした。この間、選手全員の完走をめざした市民マラソンへ挑戦のための練習もありました。なんと、毎日二〇キロメートルを走り続けました。時間にして、二時間のサッカー練習後、二時間のロード、つまり、合計四時間におよぶ時間を要したのです。体力的にも大変きつく、その後の教員採用試験の勉強は、睡魔(すいま)との闘いでした。それでも、彼と私はクラブに参加し続けたのです。周囲の友人からは「教師になりたくないのか、やめとけよ」と言われましたが、私たちは励まし合って頑張り続けました。二人は夜中に電話し合い、勉強の進度を確かめ合ったり、情報を交換し合ったりしました。

きっと、私一人では、到底、成し遂げられなかったに違いありません。彼がいるからこそ頑張れたと言えます。そして、私たちは二人とも「友情」と「互いの粘り強さ」のお陰で、彼は中学校教師に、私は小学校教師に無事合格することができたのです。本当にうれしかったです。二人そろって合格できたことが何事にも変えられないものでした。

●

毎日の教室での「基礎の時間」の取り組み、家庭学習での取り組みは、もちろん基礎基本の力を培うことを目的としたものですが、その隠れたカリキュラムとしては「粘り強さ」の大切さを感得させることをねらいとしています。「平凡なことの繰り返しが非凡なことを生むこと」を、身をもって感じさせたかったのです。

今、取り組んでいる長縄も同じです。毎日の粘り強い取り組みが、仲間意識を高め、質の高い集団を育てていくと確信しています。今の明るく元気で、友だち思いの子どもたちを見ると、本当にそう思うのです。

私も同じですよ。

学生時代に真の友情と真の学びを「粘り強さ」から学んだのです。

（二〇〇四年三月）

粘り強さの大切さは、学級だよりで一度は話題にするテーマである。日常的に子どもたちに粘り強さの大切さを教え諭していたことはもちろんだが、私のなかで「粘り強さ」が大きな人間形成の柱になっていたからである。

私には、勉強も運動も、さほどの能力はない。人一倍努力してきたように思う。特にサッカーでは、走るのが速いわけでもなく、足元の技術があるわけでもなく、体格も一六〇センチそこそこの身長の私が、選手としてやっていくためには、状況判断とそれを見越した粘り強いプレースタイルが必要だった。

その粘り強さを鍛えてもらったのが、例年、兵庫県の篠山で開催される市民マラソンへの参加であった。このマラソンにはチームメイトみんなで参加することとなり、数カ月の練習を要した。当然、身体能力の低い私がマラソンに参加することは大変なことで、練習でもチームメイトに迷惑をかけることも少なくなかった。でも、私はこのマラソンにある思いをかけていた。それは、このマラソン完走という事実が、チームに何か新しい自信のようなものをもたらしてくれると、私も哲也君も考えていたのである。

さて、大会当日、私はハーフまで一時間三〇分ほどで通過した。調子もよく、このまま完走できるのではないかと思っていたが、現実は甘くなかった。二五キロを過ぎたあたりから足はピタリと動かなくなった。今まで感じたことのない痛みが足腰にきたのである。

かろうじて歩くことができるほどだった。三五キロを過ぎてからは歩く方が速いくらいのスピードになった。チームメイトは、全員、私を追い越していった。

ゴールのタイムは四時間一七分四二秒。私がチーム内の最終完走者だった。ゴールした瞬間、大粒の涙があふれ出た。

このマラソン完走は、私の教師生活のなかで、いや、人生のなかで、とても大きな心の糧（かて）となっている。マラソンへの取り組み自体は私の夢でもなく、何か特別な存在であったわけではない。しかしながら、偶然に取り組んだサッカー部の団結力をあげる取り組みが、今となっては大きな私の「生きる力」となっている。

中学生や高校生に対して、「夢を持ちなさい」「夢を持つことは大切だ」などと、よく教育の場で声高（こわだか）に唱えられる。しかし、真の意味で、子どもたち全員が夢を持って、将来を展望しているかというと決してそうではない。

勘違いしないでほしい。夢を持つことの意味を軽んじているわけではない。一番多感な時期の中高生が明確なビジョンの夢を持つこと自体、とても難しいことなのではないかと言っているのだ。それよりも、粘り強く、目の前にあることを、ひとつひとつクリアしていく感覚を感じさせる教育のほうが大切ではないだろうか。それが私のマラソンの例のように、生きる支えとなることもあるのではないだろうか。

すべての子どもたちに、「夢を持ちなさい」というのは、あまりにも難しい課題である。それよりも、少しでも自己肯定感（じここうていかん）や自己効力感（じここうりょくかん）が育つように、小さな自信を少しずつ積み上げていくという感覚を大切にしたい。

「夢を持つ」ことよりも、
「自分が役立つ」という感覚を。

誰にも居場所がある

学級だより　6年生「ラストラン」

社会科学習の発展として、「総合的な学習の時間」に、NHKで放映された特集番組「東大寺、よみがえる仏の大宇宙」を視聴しました。子どもたちは当時のきらびやかで、金色に輝く大仏をみて、驚きの歓声をあげていました。また、聖武天皇の大仏建立への意欲と当時の国民の約半数が参加したという国ぐるみの大事業に感動していました。

以下は、子どもたちの感想の一部です。抜粋しますね。

○私は昔は今よりも大仏や大仏殿、他の建物もすごく色あざやかだったことが分かりました。大仏は金や他のいろんな色にそめられていたし、大仏殿も何十色かと思う色に塗られていて、すごい技術があったんだと思いました（Nさん）。

○教科書に書いていないことがたくさんあって、聖武天皇に子どもや奥さんがいたなんて知らなかったです。それに大仏を見ないまま聖武天皇が死んでしまったなんて、思いもしませんでした。あんなに古い書物を残しておくなんて、えらいなあと思いました（Kさん）。

○聖武天皇の子は病気で死んでしまいかわいそうでした。でも、それを機に四天王像を作ったという発想はすごいと思いました。行基は大仏を作る人たちのリーダーになれたのだから、信頼が厚い人だったんだと感じました（Tさん）。

○聖武天皇はやさしい人だと思いました。完成を見れなかったけど、作るのを手伝ったり、土まみれになったり、私がもしその場にいたら聖武天皇のそんな姿を見ることができるかなと思いました。そして作り方も教科書で見るよりも画像で見るほうが分かりやすかったです。大仏を作るのに日本人の二分の一の人が働くなんてすごいと思いました

（Hさん）。

○大仏があんなに光輝いているのが、すごい人々が働いたのかなと思いました。天皇は行基の「知識」になって土まみれになって働いたのがすごいと思いました（Mさん）。

Mさんの感想のなかで「知識」という言葉があります。この「知識」と言う言葉は、現在、一般的に使用されている「知識」という意味ではありません。NHK番組のなかでは、「行基は天皇の知識となり、天皇も行基の知識となり…」と使用されていました。Mさんはこれを引用したのです。

歴史のなかでは、このように現在使われている言葉と、以前使われていた言葉との間に意味の違いがある場合があります。私は、歴史研究を行っている一人として、この「知識」という言葉に何度も出会いました。そのほとんどは仏教関係の史料です。多くは「善知識」として史料上に表れていました。

「善知識」とは「我に対して仏の正道を教授する師友」のことです。「善知識ノ御教化」などと使用されます。それは「師」であったり、「友」であったりします。お互いが上下の区別ではなく、仏の正道を教授し合おうとする相手（万物）をすべて「善知識」とするのです。

教室も「善知識」です。教師が「知識」とは限りません。子どもたちもまた「知識」であり、教師だって子どもたちが「知識」となることにより学ぶことができます。お互いが本校の目標「やさしく・かしこく・たくましく」に向かって「知識」となっているのです。

子どもたちの感想の多くには聖武天皇が土にまみれたことへの感動が述べられていました。その時、まさに民衆が聖武天皇の「知識」となったのでしょう。国が一体となって進んだからこそ、大仏建立の大事業が成功したのだと思います。

教室も「知識」となり、一体となって進んでいこうと思っています。

（二〇〇七年五月）


小学校の教室では、「話し合う」という活動が圧倒的に多い。もちろん、「書く」活動や「聞く」活動、「読む」活動も、授業に組み込まれるが、子どもたち同士が話し合いを通じて、ひとつの結論へと導いていく教育方法が重視されると言ってよい。

例えば、三角形の面積の公式を教える際には、実際の三角形を複数準備して、長方形の面積から三角形の面積を導いていくような算数的活動を取り入れて、話し合い活動を行う。そうした学習活動を通して、公式を導き出していく。つまり、公式は単に覚える対象ではなく、話し合いによって導き出される対象ということになる。

このように、小学校教育においては、一方的に教師が教えるというよりも、クラスの仲間が共に学び合うことで学習が進行している。教室での共育を大切にしているのだ。

もちろん、教室に健全な競争意識も重要である。それらを含み込んだ教育（共育）は、いつも子どもたちの心を捉（とら）えて、いじめのない学級づくりの基盤を作っている。そして、多くの子どもたちが「学校」ではなく、「教室」に居場所を求めて登校してくる。

冒頭に述べたように、中学校三年生だった我が子は、いろんな思いがあって学校に行きたくても行けなくなった。一人で部屋に閉じこもることが多かった。

その五カ月目のことである。

修学旅行の時期になり、担任の先生からは強い誘いが繰り返された。しかし、我が子は行く素振りを全く見せなかった。家族から、容易に「修学旅行に行けば」なんて、言葉をかける状況ではなかった。

ところが、ある日、我が子の方から「修学旅行、どう思う？」と、声をかけてきた。

家族は「行けばいい経験になる」「行けば楽しいに違いない」と誘ったが、本人は「行く意味がない」の一点張りだった。これ以上は、本人の負担になると思い、声はかけなかった。家族は「仕方ない」とあきらめていた。

ところが、修学旅行の三日前になって、急に本人から私たちに「N君が『行く必要があるから行け』って言うのなら、行くことにする」と伝えてきた。あれほど、頑(かたく)なに「行く意味がない」と言い張っていた我が子が何という変化だろう。

結局、我が子はN君から、修学旅行前日に助言をもらい、修学旅行参加の意志を固めた。我が子を動かしたのは教室の仲間だった。

社会のなかには必ず誰にも居場所がある。その居場所には必ず仲間がいる。それが「知識」である。

仲間が時に「師」となり、「友」となり、共に成長していくのだ。

人は居場所を見つけて幸せになる。
そこには私たちを導く「知識」が存在する。

本当の親友を感じるのはずっと先だ

学級だより　5年生「出会い」

父母が頭かき撫で幸くあれて言ひし言葉ぜ忘れかねつる

　この歌は、「防人の歌」といいます。「防人の歌」というのは、昔、東国地方の男性が外敵に備えるために九州にかりだされたときの歌です。奈良時代には数え年で二一歳から六〇歳の男子に兵役の義務があり、防人の多くは、家族と離れて九州へと赴かなければなりませんでした。

　この歌の作者は、どうやら年齢の若い人のようで、九州へ出かける際に父や母から頭を撫でられて、そして、優しい言葉をかけられたのでしょう。その言葉や優しさが忘れられず、遠い地で一生懸命に生活し、父母の思いを胸に頑張っている姿が思い浮かび、私たちも心打たれます。

●

一昨日、Aちゃんが検査のため入院しました。三学期に入り体調を崩していたためです。自然学校では、保健係としていろいろと世話をしてくれていたのですが…。そんなAちゃんの姿にすぐれぬ体調が隠れていたと思うと心が痛みます。一日も早く元気になって、にこやかな笑顔を見せて下さいね。

●

「同治」と「対治」という言葉をお聞きになったことがありますか。これはもともと仏教の言葉なのだそうです。ある本で読んで大変印象に残っています。たとえば、「対治」とは、発熱している子どもを氷で冷やして熱を下げることで、「同治」とは、布団などで体を温め発汗させることによって熱を下げることなのだそうです。一般的にお医者さんは薬やいろんな方法で「対治」の方法をとります。

では、私たちはどうでしょう。私事になりますが、私の祖父は（今、入院しているのですが）私に「背中が痛いので撫でてほしい」と言います。私がしばらく撫でていると「あー、ありがとう。楽になった」とほっとした表情を見せます。薬を飲んだわけでもないのですが、祖父の背中の痛みは薄れたようです。これが「同治」なのでしょうか。防人にいく我が子の頭を撫でて元気づける両親も違った意味で「同治」でしょうね。

私たちができる「同治」。

来週、Aちゃんにお手紙を書くことにしました。クラスの三一人の心がAちゃんの心にとどき、Aちゃんの体調が一日も早く良くなることを祈っています。Aちゃんのことを「思うこと」がAちゃんの回復につながることを信じて…。

（一九九六年一月）

●

「同治」と「対治」についての「ある本」とは、五木寛之（いつきひろゆき）さんの『生きるヒント2』（文化出版局、一九九四年）のことである。その内容はいまでも心に残っている。

「同治」と「対治」は、もともと仏教の言葉だそうだ。例えば、毎日、部活動で疲れている生徒に、「頑張れ、今が勝負どころだ」というのが「対治」で、「無理をするな。ゆっくりしろ」というのが「同治」ということである。

基本的に、教師は「対治」の方法をとることが多いが、子どもたちの様子をみながら、「対治」と「同治」を使い分けている。対象となる児童・生徒に、伸びしろがあると判断した場合は「対治」を使用し、目いっぱい頑張っていると判断した場合は「同治」の方法をとることだろう。いずれにしても、大切なのはいかにお互いを理解しているかどうかである。この理解がなくては、「同治」も「対治」も効果的でないばかりか、逆効果の可能性もあるからだ。ここでは、教師が「同治」と「対治」のいずれかの方法を用いて、子どもたちに接しているが、時として、教師よりもクラスの仲間との「同治」と「対治」という関係性が重要になる場合も少なくない。

Aちゃんの場合もそうだった。

Aちゃんは人懐（なつ）っこい子で、いつも友だちに寄り添っていた。Aちゃんの周りには多くの仲間がいた。多くを語らないAちゃんだったが、友だちとにこやかに生活していた姿が印象的だった。Aちゃんにとっての友だちは本当に大きな存在であったように思う。

Aちゃんはクラスの仲間からの手紙を、まるでお腹の空いた子どものように、何かを求めるように読み続けた。しかし、数通読んだ後には横にならなければならない状態であった。それでも、なお、手紙を読もうとする姿に「ゆっくり読めばいいよ」と声をかけたほどである。

あの時のＡちゃんは間違いなく、クラスの仲間の存在を求めていた。友だちの書いた手紙やイラスト、写真、折り紙など、五感すべてをつかって感じようとしていた。Ａちゃんの求めていたものがクラスの仲間であることは明らかであった。クラスの仲間たちからの手紙は、「同治」として、Ａちゃんに寄り添っていたのである。

出会いというのは偶然といわれる。しかし、一生の宝物に発展する場合も少なくない。それがいつなのかは全く分からない。小学校のときかもしれないし、中学校・高校・大学、社会人になったときかもしれない。または高齢になってからかもしれない。

だから、小学生のときに親友ができないからって嘆（なげ）くことは全くない。中学生だって同様だ。真の親友ができるのが六〇代ということもあり得るからだ。いや、多くの方が真の友情を実感できるのは中高年を過ごした時期だと思う。

二〇一九年の春から冬にかけて、私は腰痛のリハビリのために、プールでウォーキングを行っていた。毎日、決まった時間に行くのだが、顔ぶれは、ほぼ決まっている。年齢は圧倒的に六〇～七〇代の方が多い。なかには八〇代の方も元気に泳いでいる。

通い始めて、一カ月程、経った頃だろうか。七〇代の方が話しかけてくれた。はじめは、天候の話程度であったが、だんだんと親しくなっていった。その後はいろいろな方と話すようになり、その方々との時間が私のなかでとても大切な時間となった。仕事と組織、家族や健康のことでいろいろと悩んでいた私にとって、人生の先輩からの金言はとても貴重だった。時にたわいのない話題で大笑いし、時に互いの悩み事を相談するようになっていった。そうした時間のなかで、人生の先輩たち、つまり、七〇歳を越えたプールの方々が私のことを心底、心配してくださっているのが手に取るように分かった。目を見れば一目瞭然だった。目にいっぱい涙をためて、お互いを愛おしんでいたからだ。「ああ、これが親友なのか」と感じた。

その仲間のひとり、七〇代の女性が教えてくれた。「ここにきている人はみんな同級生だ」と。心の奥底を話して、語り合うことを親友と定義するならば、間違いなく、私の親友は二〇歳以上も離れたこの七〇歳の方々だ。

二〇一九年一二月、持病の椎間板ヘルニアが悪化して動けなくなった。その一カ月後に手術を行う。プールには無断欠席で、友人たちが私を心配してくれている様子が目に浮かぶ。二〇二〇年四月には、新型コロナウイルスが流行し、スポーツジムは閉鎖を余儀なくされている。友人たちはどうしているのだろうか。早くプールに行けるようになって、友人たちと談笑したい。

親友は若いときから、長い年月を通して醸成(じょうせい)される場合もあるだろうが、中高年になって真の友情を実感し、「同治」や「対治」の関係を築くことも少なくない。今、私は「友情ってなんだろう」と自問自答し、五〇歳を越えて、やっと親友を身近に感じることができている。

親友は今できなくても大丈夫。
本物の親友ができるのはもっと先かもしれない。

ありのままのあなたでいて

学級だより　2年生　「受け月」

あたたかい春風が、教室の窓から舞い込んできました。

いつの間にかチューリップが大きく成長し、桜のつぼみも膨らみかけています。

教室のサボテンは花を散らせ、寂しさに身をふるわせながら、葉を固くしています。

四月、一七人の子どもたちと桜の咲くなかで出会ってから、はや一年が過ぎようとしています。いえ、今日でその一年間が終わるのです。思えば、あの子たちをご家庭からあずかったのが、ついこのあいだのようです。

私のことを、恐々と覗き込んでいた子どもたちとも慣れ親しみ、弥生とよばれる月がやってきました。振り返ると、何一つ満足なことができないまま、一年の月日が流れていったという感じです。

今、卒業式を終え、ひとり二年生の教室に帰ってきました。こうして、最後の学級だよりを認めていると、あの子たちの声を聞きたくなります。

「今から名前を呼ぶから返事をしてね。」

〝ちかちゃん〟〝えりさん〟〝なりくん〟〝さっちゃん〟〝みなちゃん〟
〝ゆみちゃん〟〝かよさん〟〝もっくん〟〝まいさん〟
〝あきくん〟〝かずめさん〟〝はづきさん〟〝ゆみさん〟
〝ゆうじくん〟〝ひさちゃん〟〝こうくん〟〝なみちゃん〟

みんなみんな、いい子でした。みんなみんな、いい子です。

歌が大好きで、詩が大好きで、遊ぶのが大好きで、勉強は苦手の時もあったけど、体育は大得意でした。二年生の教室には、いつも賞状があって、きれいな花があって、『大きなポケット』があって、「タマ」のカレンダーがあって、こうくんのおじいちゃんが持ってきてくれたカレンダーもあって、なみちゃんの持ってきてくれた金魚が

いて、
そして、
みんな「友だち」がいました。
やさしい、やさしい「友だち」がいました。

いつだってでしょう。　先生といっしょに「せんおに」をしたのは……。
いつだってでしょう。　親子ハイキングに出かけたのは……。
いつだってでしょう。　学年対抗リレーで一位になったのは……。
いつだってでしょう。　先生が厳しく叱ったのは……。
いつだってでしょう。　おしりが痛いほど、すべり台をすべったのは……。
いつだってでしょう。　おもちつきをしたのは……。
いつだってでしょう。　けんかをしたあと、仲なおりをしたのは……。
いつだってでしょう。　平凡な日々の幸せ……。

「ごめんね。」
あなたたちにとって、決して良い先生じゃありませんでした。いつも助けられたのは「私」。いつも元気づけられたのは「私」。
毎日、学校から帰る際、私はそんな自分の力不足を償いたくて必ず教室に行きました。その時、一人ひとりの顔を思い浮かべ、その日の出来事を思い返しました。すると、その一日、私との会話をどうしても思い出せない子がいることに気づきました。その子を翌日、一番に授業で指名することが、せめてもの私の罪ほろぼしでした。

子どもたちが歌を好きになって、
　　私は歌を知るようになり、
子どもたちが詩を作り始めるようになって、
　　私は詩を追い求めました。
子どもたちがつらい思いをしている子にそっと寄り添って、
　　私はクラス一七人の仲間を賞賛し、
子どもたちが笑顔で私を迎えて、
　　私も笑顔をかえしました。
いつも、いつも、あの子たちの後を追っかけました。

こうして、一年の終わりを無事迎えることができたのも、お父さん・お母さんをはじめ、ご家庭の方々のあたたかい励ましがあったからです。

本当にありがとうございました。

〝お父さん、たくましいです。そして、優しいです。〟

〝お母さん、優しいです。そして、たくましいです。〟

いつも私が失敗しても、あの子たちが私を信じてついてきてくれたのは、ご家庭で、「先生の言うこと、ちゃんと聞くんやで」「がんばりよ」と、子どもたちの心の支えになっていただけたからです。本当にありがとうございました。

古切手収集は、いつも一番で、子どもたちは「ふれあい新聞」をいつも楽しみにしていました。運動会も一番で、カルタも一番で、それでいて、いつもたくさんの保護者の方が教室にお越しいただけるクラスでした。熱い・厚いご協力いつもありがとうございました。

明日の二十四日、何だか、来ないでほしい。

もう少しの間、君たちの担任でいさせておくれ。

幸司

（一九九五年三月）

四月、満開に咲きほこる桜のなかで、新しい子どもたちと出会い、学級がスタートする。そして、一年間を経て、三月には必ずその子どもたちとの別れがやってくる。この学級だよりも、その三月の最終号である（当時よく読んでいた詩集を参考にして認めたと思うのだが、当時の詩集を広く捜したのだが分からない。誠に申し訳ない）。毎年、教師も子どもたちも当たり前のように、この同じサイクルを繰り返すのだが、決してマンネリのようなことはなく、いつも新鮮な感動が生まれる。

まだ、教師になって間もないころ、先輩の先生から、「教師は一年間という時間の橋渡しだ。この子を変えようなんて、そんな大それたことを考えてはいけない。子どもにとっての一年間を大切にして、次の担任に引き継ぐのだ」と、教えられたことがある。ギラギラした若い私を諭してくれたのだと思う。おそらくは、情熱だけで突き進んでいた私の教育実践に釘を刺してくれたのだろう。

その先輩の先生は、次のようにも言った。

「卒業を前に、少し反抗的な態度をとる子どももいるだろう。その子どもたちに、『あと二カ月もすれば、君たちは中学生になる。でも、中学生になっても私のところに簡単に遊びに来るな。その時、私は新しい担任の子どもたちと一〇〇パーセントを出し切っていると思う。君たちが望むようなことはできないだろう。何かあるときには中学校の先生に相談するんだ（中学校の先生に相談もできないときは、遠慮なく来ていい）。でも、今から二カ月は君たちの担任だ。君たちのことだけを考えたいと思っている』と伝えると、子どもたちは心を開いてくれる」と。

これは、まさに一年間という限られた時間だからこそ、大切にできることがあることを教えていただいたと思っている。

一年後には、必ず別れはやってくる。

だからこそ、一緒にいる時間を大切にできるのだ。

これは東井義雄さんの「いのちの教育」そのものなのかもしれない。

東井さんの「いのちの教育」の実践は不朽（ふきゅう）の名著といわれる『村を育てる学力』（明治図書出版、一九五七年）のなかに表現されているが、その背景には、家族の「生」と「死」があったことを自らが語っている（東井義雄『仏の声を聞く』探究社、二〇〇一年）。

東井さんは、親子の関係も、教師と児童の関係も、すべての人間のつながりには、いつか別れなければならないときがくると述べている。そうした別れを認識しているからこそ、一分一秒がとても貴重な時間であり、いのちの輝きを有するのだという。

東井さんをこのことを教育に置き換える。

「いのちの教育」とはどんなときも、どんな場合においても、どんな状況においても、限られた時間のなかで、子どもの「いのち」が輝くことに収斂（しゅうれん）させようとする働きかけである。東井さんの「どの子も子どもは星」という詩に表現されている、すべての子どもから眩（まぶ）ゆい光が放たれている様子からも、このことがうかがえる。

子どもたちは、みんな光り輝いている。

私たちも輝いて生まれてきた。

しかし、私たちはそんな簡単なことを時間の経過とともに忘れ去っている。

限られた時間だからこそ、輝く〈出会い〉があるのだ。

限られた時間だからこそ、輝く〈生〉があるのだ。

人生はそれだけで尊い。

ありのままの、ありのままのあなたがいるだけで尊いのだ。

人生を生き抜くヒントは、子どもの頃にある。
ありのままのあなたでいいんだよ。

自分の言葉にできるということ

学級だより　2年生「受け月」

毎日、毎日、たくさんの人と接して、会話し、生活していく（もちろん、私は一七人の子どもたちと圧倒的に接する時間が多いですが…）。

人と人が接し、出会い、お互いが認め合い、感じ合っていく。その仲立ちとなるものはやはり「言葉」です。

〝嬉しい〟〝哀しい〟〝激しい〟そんな感情を表す記号は、「言葉」しかないのです。もちろん、動作で気持ちを表現することはできますが、微妙なニュアンスの表現は不可能です。「言葉」は人間だけに与えられた人と人とをつなぐ、心と心をつなぐ大切なものです。

しかし、その「言葉」によって、人が傷ついたり、又、自分自身を傷つけたりすることがあるのも否めません。

私の口からでた「言葉」が他人をやさしく包んだり、心をあたたかくするものであればいいのですが、ナイフのようにとがって、時には矢のように鋭く人の心を傷つけたりしないかと…。

いつも、いつも、感情が先立ってしまい、「言葉」は感情に追いつけなくて、私の口から発した「言葉」はいつもひとり歩きをしてしまいます。

「えっ、そうじゃない。」

「俺の気持ちはそうじゃない。」

たしかにその「言葉」は自分の感情から発したものだけれど、「言葉」を発した瞬間から、自分のものでなくなってしまいます。

感情と「言葉」の間にタイムラグが生じ、「言葉」がその時々の気持ちの半分も表現しきれないジレンマに自分を置いてしまいます。やはり、感情と「言葉」は相容れないものなのでしょうか。

「恋愛に言葉はいらない。」

沈黙のなかをあたたかい、しかも透き通ったさわやかな風が流れていきます。そこにおいて、「言葉」はもはや不必要であり、「愚」であると言えるでしょう。

今日、休み時間だったでしょうか。再び、子どもたちが詩を書き始めました。出来上がったものを読んでいると、見事なまでに感情と「言葉」の一致点があるではないですか。

ほんの七歳の子どもが…。いえ、七歳の子どもだからなのかもしれません。子どものなかの何かがその一致点を生みだしているのでしょう。私にはその一致点がなく、いつも感情と「言葉」のタイムラグのなかでさまよってばかりです。一七人の子どもたちに、この一年で教わりたい。

子どもの心に限りなく近づきたい。

やさしさを共有しながら…。

「カメ」

まえだえり

カメはうみや川に住んでいる
カメをかっているところもある
わたしも
カメをかっている
元気なカメだったけど
しんじゃった
お母さんがカメをかってきたとき
わたしはよろこんだ
でも、元気がなかった
わたしは元気になってほしかった

（一九九四年七月）

この頃、私は五木寛之（いつきひろゆき）さん、長田弘（おさだひろし）さん、谷川俊太郎（たにかわしゅんたろう）さん、銀色夏生（ぎんいろなつを）さんのエッセイや詩集をよく読んでいたように思う。おそらくは、こうした方々の文章に共感し、影響を受けて、書き留めたのではないかと思っている。あるいは、日常生活のなかで、言葉と感情の相容れないところを、何かしら感じていたのかもしれない。今となっては、当時の詳細な状況は思い出せないが、いつも子どもたちの真っすぐで、素直に自分を表現する心に、常々、近づきたいと思っていたことには間違いない。きっと、当時の私は、言葉というものを扱いきれない思いを抱いていたのだと思う。

そんなとき、著名な国語教育研究家であった大村(おおむら)はまが六二歳のときの教え子、苅谷(かりや)夏子(なつこ)さんの講演を聞く機会を得た。あの苅谷さんの鮮やかでくっきりした言葉の心地よさを、今も忘れることができない。「言葉に無駄がない」とは苅谷さんのような彩りのある言葉の繰り返しにあると感じた。

その苅谷さんが講演会で、自身が精神的にかなり疲弊していたとき、「何をやってもダメだと感じていたとき、最後に私を救ったのは『言葉』だった」と述べられたことがとても印象に残っている。

〝言葉が救ってくれるってどういうことだろう…〟

そう感じていた四二歳の私だが、今の五五歳の私には苅谷さんの言葉の意味がよくわかる。私たち人間はいろんなことを経験して、さまざまな感情をもつ。その感情によって、私たちは言葉にできないことがあることを知る。学級だよりに記した恋愛もそのひとつだろうし、学校に行きにくいという不登校もそのひとつだろう。

でも、最後には自分自身の気持ちや思いを表す言葉を探し、そして、見つけることができたとき、私たちは新しい自分自身を見つけ出していくのである。

冒頭に述べたように、中学校三年生だった我が子は、いろんな思いがあって学校に行きにくくなった。通っていた中高一貫校では、高校進学をふまえ、高校教師との三者面談が実施された。そのとき、「君は高校でどうしたいのか?」と問われたが、我が子は小さな声であったが、凛(りん)として「ふつうでいい」と答えた。

この「ふつうでいい」の言葉には我が子の言いようもない自分との格闘の時間が刻まれている。まだまだ、自分の気持ちを表現できていないが、私たち家族にとっても、大きな歩みを感じる言葉だった。自分の言葉として、自らが音声として発した言葉に、小さな希望の光をみた。

今、手元にある子どもたちの詩集を読み返してみた。やはり、自分の言葉として、感情と言葉の一致点が見事に生み出されている。

私は、子どもたちが詩を好きになって、前にも増して詩を求め続けたし、子どもたちが歌を口ずさむようになって、歌を好きになった。子どもたちが教室の花に水を与え続けてくれて、私は多くの花の名前を覚えた。

私のクラスの子どもが、日光に水槽(すいそう)が照らされて映った小さな虹を「先生の好きな虹、つかまえてあげたよ」と言って、水槽の水をすくってくれたとき、私は言葉を失った。いや、言葉にならなかった。

その日の放課後の誰もいない教室で、「大」の字になって寝っころがり、子どもたちの匂いを感じた。

人間の真実を見出すことができるのは、何とも言えないような、言葉にならないような経験をして、感情と言葉の一致点を自分の言葉として語るようになったときだと思う。

言葉にならない経験は無駄ではない。
そこから生まれた言葉が必ず自分を守ってくれる。

「希望をもって生きる」ということ

学級だより　6年生　「花たば」

今、きれいに卒業お祝い品の並んだ、誰もいない教室で、最終号の学級だより「花たば」を書いています。一九日（木）は、最後の卒業式の練習を、みなさんの素晴らしい姿を、約束どおりしっかりと眼に焼き付けました。

本当に立派になりましたね。心から、ほめたたえたいと思います。

最後の練習「卒業生退場」のあと、私はみなさんを入口まで迎えに行きました。そのとき、みなさんの表情が今までとは、まるで違っていました。そして、おそらく、私の表情も違っていたことでしょう。もう、この場所、高田小学校にいることができない寂しさをお互いが感じているのが分かりました。

練習の最後に、先生方お一人お一人から、ごあいさつを頂戴しました。どの先生からも最大限の賛辞を頂きました。「涙が出そうだったよ」「五年生のみんなは六年生のみなさんに憧れているよ」「みんなが本当に翔びたってしまいそうだよ」と本当に温かいお言葉を頂きました。それは決してお世辞ではなく、本当にどの先生方もそう感じておられたのです。

それほど、みなさんの「よびかけ」と歌には心がのせられていました。

私は、そのごあいさつを聞きながら、胸がいっぱいになり、涙をおさえるのに必死でした。大きな赤いジャージの袖口はしっとりとぬれていました。みなさんとの別れが本当に寂しく、胸がいっぱいです。

●

みなさんは、この一年間、その時々の思いや教室の風景を詩として表現してきました。クラスのみんなで考え、グループのみんなで考え合いました。時には、何時間も学級会を開くこともありました。そうしてできたクラスの詩を模造紙に書いて一年間のあゆみとして掲示してきました。

毎朝の音読では、その詩を読み合いましたね。

その一年間の書きためてきた詩をいよいよ外すときが来たのです。

そして、みなさんの手によって丁寧に外された詩は、最後を飾るかのように、みなさんによって音読されました。

そのとき、みなさんはどんな気持ちになりましたか？

懐かしい気持ち……。

寂しい気持ち……。

勇気をもらったような気持ち……。

●

詩が書かれたその時々の情景に、あるいは、今の自分の気持ちに、みなさんは思いを馳(は)せたのではないでしょうか。

実は、これが「継続」という意味なのです。教室には、年間を通して作成しつづけた自分たちの詩があり、毎日、その詩を読みつづけた私たちが存在していました。その詩は、今、私たちに大きな勇気と希望を与えてくれようとしています。

平凡なことだけど、やり続けることで、その物事には非凡さが生み出され、私たちの心の奥底まで染み入るようになっているのです。

「継続」は、このように自分に素晴らしい何か、例えば、成就感や充実感といったようなものを運んでくれることにつながるのです。つまり、「継続」することは、私たちを「希望」へと導いてくれるということです。

みなさんは、算数でも、国語でも、社会や理科でも、すべての学習の場面で何かを期待したり、大切だと感じたりして、学んでいます。「希望」とは、確実か不確実かを計算して判断するのではなく、「継続すれば、おのずと道がひらかれる」という思いです。そういったものがあるから、みなさんは授業中に一生懸命に勉強したり、家で宿題を頑張ったりするのです。これは、スポーツでも同じことが言えるでしょう。

つまり、「継続する子は希望のなかに生きている」ということになりそうです。「希望」とってもいい言葉ですね。繰り返します。

私から、みなさんへの最後のメッセージは、

「継続するとは、希望をもって生きる」ということです。


「出発」

ぼくたちは

学校を動かす機関車だ
白いスタートラインにならぶ時が来た
責任を燃やし
きっと遠い福峯山を見る
あの瞬間の
みんなと同じ気持ちが好きだ
やがて、汽笛は鳴りひびくだろう
ぼくたちは走り出す
みんなの手本になり
よい校風をつくるために
みんなを引っ張る
時には、ケンカもするが
いつも協力できる高田っ子
いろいろな思いを持って
出発の汽笛の合図を待っている
あの温かく

豊かな
出発のときが好きだ

右の詩を覚えていますね。

四月にみなさんが考えた詩です。みなさんが考えた言葉の通り、本当に最高の六年生（機関車）になってくれました。低学年に優しく接する姿、全校を凛（りん）として引っ張る姿が常に存在していました。そして、支えあう三四人の仲間たちがいました。

この一年間の歩みは、本当に心温かくて、学ぶ充実があって、楽しくて、言い尽くすことのできない素晴らしい日々でした。

これらの日々は、どんなに上手に表現しても、書き尽くすことはできませんし、どんなに感情をこめても、言い尽くすことはできません。もしかすると、この教室にいて、いっしょの空気を吸わないと分からないかもしれません。

一年間、本当にありがとう。

この一年間、私がみなさんを引っ張っていったように思われがちですが、私は、みなさんに引っ張っていってもらったように思っています。

お礼を言わなければいけないのは、私のほうです。

みんなありがとうね。最高の仲間たちでした。
・・・みんな大好きだよ。
（二〇〇九年三月）


小学校教師最後に担任した子どもたちへのメッセージである。

今でも明確に覚えている。二〇〇九年三月一九日（木）の最後の練習風景を、あなたたちが自分自身の精一杯の姿を自分の夢にのせて語ってくれたことを。

何と尊いことだろう。一〇年たっても、色褪せず、あの時と同じ気持ちにさせてくれる。人と人のつながりというのは時間を超越していくのだと実感している。

そのつながりのなかにあるひとつの真実が「継続」ということだった。毎日の学習、毎日の登校指導、毎日の詩の朗読、毎日の積み重ねが六年生の教室にあった。この「継続」ということが私たちのクラスの自信になり、ひとりひとりの自信になり、中学生へと離陸する大きな滑走路となった。

子どもたちは一年間を「継続」することによって、何かを成し遂げた実感をもつようになった。それは子どもたちの卒業を前にした様子からもよくわかる。六年生としての役割であったり、学習面であったり、スポーツ面であったり、子どもたちによってさまざまだが、そこには「希望」へとつながる何かを感じ取っていたと思う。

当時の私のこの考えは、認知心理学者の佐伯胖さんの著作に影響を受け、参照したものである。佐伯さんは次のように述べる（佐伯胖『「学ぶ」ということの意味』岩波書店、一九九五年）。

学ぶということは、予想の次元ではなく、むしろ希望の次元に生きることではないだろうか。「こういうことが、いついつまでにできるようになる」ことを目的とするのではなく、いつどうなるか、何が起こるかの予想を超えて、ともかくよくなることへの信頼と希望のなかで、一瞬一瞬を大切にして、今を生きるということのように思える。
子どもがよく学ぶとしたら、それは希望の次元に生きているからであろう。また、大人が学べないとしたら、それは、大人の世界に希望の次元が喪失しているからである。死を前にした人に希望があるということは、死を前にした人が「学べる」ということを意味するのであり、逆に、死を前にした人が何かについて学べるとしたら、それは、死を前にした人にも希望の世界がひらかれるということである。

この文章を読んだとき、私は衝撃を受けた。「子どもがよく学ぶとしたら、それは希望の次元に生きている」という言葉に、「死を前にした人にも希望の世界がひらかれる」という言葉に、私は教師というよりも、一人の人間としての使命感を強くした。私に関わるすべての子どもたちに、すべての人たちに、学ぶということの大切さや私たちが希望のなかに生きていることを伝えたいと強く思った。

とはいえ、中高生のみなさんは、毎日を「意味がない」「無駄だ」「つまらない」と感じることはないだろうか。周りの大人たちが言っていること自体、理解できずに「ウザく」感じることが多いに違いない。

それでいいんだ。

みんなそうした時間を経験するんだ。

でも、聞いてほしい。

安心してほしい。

すべての人は希望のなかに生きることができるということを。

すべての人に未来が開かれているということを。

「学ぶということは希望をもって生きるということ」

本当にいい言葉じゃないか。

学ぶとは希望をもって生きるということ。
私たちは希望のなかに生きている。

あとがき

私が出版の意志を強くしたのは、我が子が学校に行けなくなって、一年の月日が流れた頃である。

大きな波が何度も繰り返し岸にあたっては、小さくとても小さく砕(くだ)かれ、そして、また、変化した大きな波が何度も何度も岸に打ち寄せてくる。あたっては砕かれ、あたっては砕かれ、そこには言いようのない荒涼(こうりょう)とした風景だけが残っていった。

だが、その大地のなかに、私たちの気づかない、私たちが見えない、温静(おんせい)な土壌は確かに育まれていた。大きな波も、小さな波も、穏やかな波も、岸辺とともに会話をするように揺らぐようになっていった。砕かれることなく揺らいでいる——。

そんなときだろうか。

私が「同じように悩んでいる子どもたちの力になるために、その子たちへのメッセージを本にしようと思う」と、まだ原稿段階の本書の一部を我が子に読んで聞かせた。

いつものように、スマホをたたく指音だけがしていた。しかし、私が感情で言葉を一瞬つまらせたとき、ほんの一瞬であった、誰も気づかないほどのほんの一瞬であったのだが、スマホをたたく指音が消えると同時に、私は我が子からの深い視線を感じた。

「ええやん」

我が子の言葉で沈黙は途切れ、再び、スマホをたたく指音だけが聞こえはじめた。

このとき、私は本書を必要とする、名前も知らない方々の手に本書を届けたいと決意を強くした。

表紙と各章の扉の絵画や版画は、我が子の幼稚園と小学校の作品である。

表紙の絵画「イルカショー、すごかったよ！」は幼稚園の作品である。多くの同級生たちが描き終えようとしているなか、水色の画用紙に何ひとつ描けなかった我が子が、先生からの助言によって一心不乱に描ききったのがこの絵だそうだ。

第一章の版画「リコーダーを吹く友だち」は四年生の作品である。第二章の絵画「ぼくのかぞく」は幼稚園の作品で、はじめて人物画を描くことができるようになったときのものだ。第三章の絵画「本気の『よさこいソーラン』」は体育大会を描いた二年生の作品である。第四章の絵画「サッカーやろうぜ！」は四年生の作品で墨を割りばしにつけて書いたものだそうだ。この小学校時代のサッカーとの出会いが、現在の我が子の心の成長に大きな役割を果たすことになるとは、私は想像もしなかった。

現在、一六歳の我が子は相変わらず「学校」という存在に魅力を感じていない。しかし、地域の幼稚園やこども園に訪問し、私とともに「サッカー教室」のボランティアを行っている。また、週末には就学前の子どもたちや小学生の子どもたちの「サッカーの先生」として活動している。間違いなく、我が子を精神的に成長させたのは「サッカー」である。いや、「サッカーに来ている子どもたち」である。

人は人のなかで成長するのだ。

我が子がこの「人」という存在の価値に気づいたとき、どんな自分の未来を創造していくのだろう。どんな未来がこちらを覗(のぞ)いているのか、今から楽しみで仕方ない。

本書を本当に必要とする方に届けたい。

何だか、自分の子どもを巣立たせるような気持ちである。大切にしてきたものをみなさんと分け合うような気持ちでもある。これまでに出版してきた拙著の専門書を上梓(じょうし)する際の気持ちとは全く別物だ。自己の研究成果を世に問うという、ある意味で「一方向的」なこれまでの拙著ではなく、はじめて読者を意識して言葉を紡(つむ)いできた「相互的」な試みが本書である。

そういえば、小学校教員だったころの学級だよりも、いつも読者を意識して言葉を綴り、読者が目の前にいる幸せを感じていた。その意味で考えると、本書自身が「学級だより」なのかもしれない。

届けたい――。
問いを持ち続けているみなさんに…。
ものを見続けているみなさんに…。
そして、未来へとつながる子どもたちのために…。

最後になったが、迫幸一さんの「息吹」（一九五四年）の写真掲載に際して、迫青樹さんにご高配を戴いた。心から感謝の意を申し上げたい。また、本書の出版に際しては、「みらい」編集部の米山拓矢さんに大変お世話になった。ここに併せて感謝の意を表したい。

二〇二〇年一二月一二日

第二刷発行に際して

初版発行から二年近くが過ぎた。この間、新型コロナウイルスの感染拡大は止まらず、現在、第七波を向かえている。政治的にも社会的にも不安が増大し、多くの子どもたちが〝からだ〟〝こころ〟〝なかま〟の〈あいだ〉で揺れ動いている。

本書初版はご縁のあった教育委員会や学校のご高配に与り、購入いただいた場合にはその金額を地域の適応指導教室への寄付活動を行ってきた。本書が息をひそめて喘いでいる子どもたちの一助になれば幸いである。第二刷に際しては、これから教師をめざす皆さんへのエールも含まれる。その意味ではまさに「学級だよりのエール」となることを願う。

二〇二二年八月一日

和田 幸司

著者紹介

和田 幸司（わだ こうじ）

1965年、兵庫県生まれ。兵庫県公立学校教員を経て、現在、姫路大学教育学部教授。博士（学校教育学）。専攻は日本近世史。2011年日本法政学会賞優秀賞を受賞。

著書に『浄土真宗と部落寺院の展開』（法藏館）、『近世国家における宗教と身分』（法藏館）、『「士農工商」はどう教えられてきたか —小中学校における近世身分学習の展開—』（ミネルヴァ書房）ほか。

学級だよりのエール

— 子どもたちへ贈る希望の言葉 —

2021 年 4 月 20 日　初版第 1 刷発行
2022 年 9 月 5 日　初版第 2 刷発行

著者　和田幸司
発行者　竹鼻均之
発行所　株式会社 みらい
〒 500-8137　岐阜県岐阜市東興町 40 番地
第 5 澤田ビル
TEL 058-247-1227　FAX 058-247-1218
https://www.mirai-inc.jp
印刷・製本　西濃印刷株式会社

ISBN978-4-86015-551-3　C3037